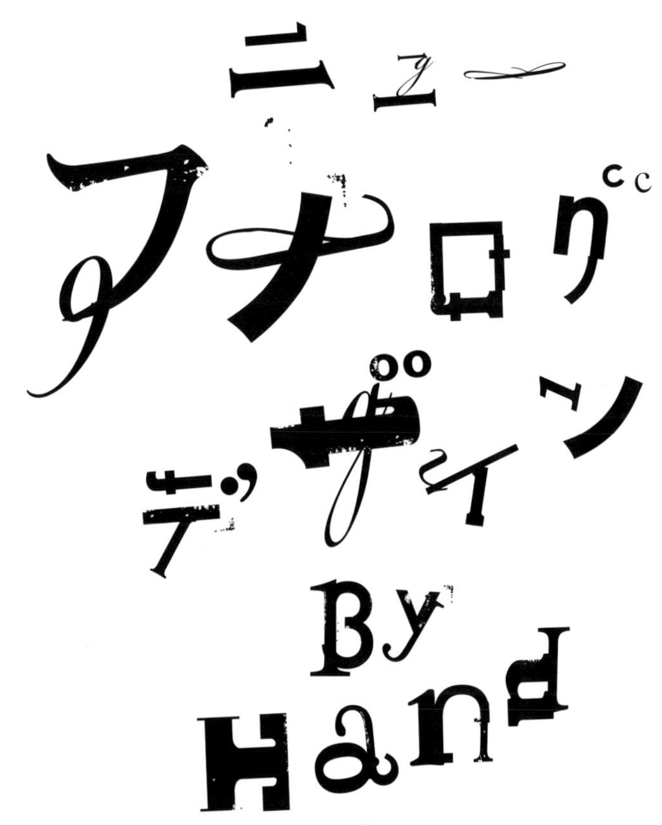
ニュー
アナログ
デザイン
By
Hand

By Hand :
Handmade Elements in Graphic Design

PIE BOOKS
2-32-4, Minami-Otsuka, Toshima-ku, Tokyo 170-0005 Japan
Phone: +81-3-5395-4811 Fax: +81-3-5395-4812
editor@piebooks.com
sales@piebooks.com
www.piebooks.com

ISBN978-4-89444-803-2 C3070
Printed in Japan

contents

はじめに

ここ数年で、驚くほどデジタル化が進みました。

しかし、技術が進歩すればするほど、便利で無機質なものに囲まれるほど、アナログなモノ・手法に惹かれてしまうのはなぜでしょう。手作りのコラージュがデザインされた駅貼りポスターや、手描きの文字・イラストで埋め尽くされたDMに、思わず心奪われた人も少なくないはずです。

なぜ、今、アナログな手法が好まれるのか？

一つには、技術が進歩し、人と人との繋がりが希薄になったことで、人が潜在的に「温かさ」「懐かしさ」「親しみやすさ」「癒し」を求めるからではないでしょうか。制作する側も、受け取る側も、優しさや温かさを求めているのです。

もう一つには、制作者側がオリジナリティを求めているためです。ステレオタイプな作品でなく、ほかの誰にも作れないオンリーワンの作品を生み出すのに、「アナログ」なアプローチは有用な方法です。手作業で作り上げた作品は、線の入り方、しわのつき方一つをとっても、唯一無二な作品となるからです。

私たちは真に古い作品でなく、「あえてアナログ感を感じさせるデザイン」に興味を持ちました。そこで、それらの作品を「アナログ感を主にどの点で、どのような技法で表現しているか」をポイントに4カテゴリーに分類してみました。

結果、現代の「アナログデザイン」の手法、アイディア、技術が見て取れる、デザインソースとなる1冊が生まれました。アナログ表現を効果的に用いた秀れた実例の数々は、デザインや企画立案のアイディアとして役立てていただけることでしょう。

最後になりましたが、本書制作中、オリジナリティ溢れる作品の数々を掲載するにあたり、多大なご協力を賜りました方々に、深く御礼を申し上げます。

ピエ・ブックス編集部

foreward

In the past several years, astounding advances have been made in digital technology, but why is it the more technology advances and the more we are surrounded by convenient inorganic things, that we have become fascinated with analog things and analog techniques? So many people are captivated by the posters in train stations produced in a hand-made collage style or direct mail with its handwritten lettering and hand-drawn illustrations.

Why are analog techniques now so much in favor?

One reason is that as technology progresses and the connection between one human and another is diluted, at a subconscious level people are looking for a sense of warmth, nostalgia, friendliness and healing. Both the person that produces and the person that he or she is producing for are seeking kindness and warmth.

Another reason is that producers are searching for originality. Analog techniques are useful for creating truly original artwork, rather than just the same thing everyone else is producing. The reason is that every line drawn and every crease made in artwork created by hand makes it a one and only thing.

We were interested not in artwork that was actually old, but rather "design that boldly conveyed an analog style." We therefore created four categories for "how and with what techniques these works convey an analog style."
The result is a book to serve as a design source, that presents the techniques, ideas and technology of contemporary analog design. We hope the numerous outstanding examples of effective use of analog expression will be of great use as a source of ideas for design and planning.

Finally, we wish to express our deep gratitude to those who, during the production of this book, provided their extensive cooperation to the publishing of all the highly original artworks.

PIE BOOKS

editorial notes

エディトリアルノート

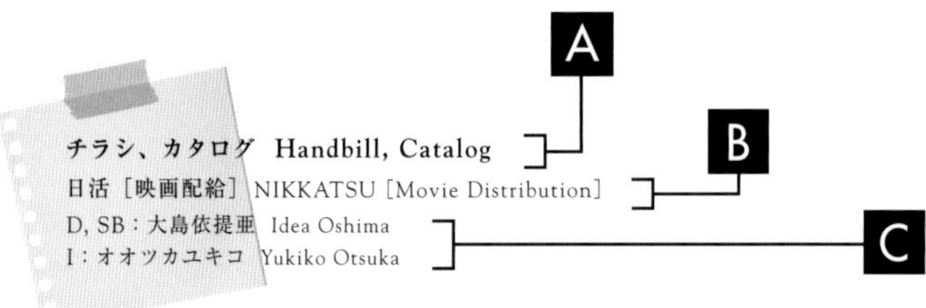

A アイテム名 Items

B クライアント［業種名］ Client [Type of industry]

C スタッフクレジット Creative Stuff

CD：クリエイティブ・ディレクター Creative Director
AD：アート・ディレクター Art Director
D：デザイナー Designer
P：フォトグラファー Photographer
D：デザイナー Designer
I：イラストレーター Illustrator
CW：コピーライター Copywriter
P：フォトグラファー Photographer
Pr：プロデューサー Producer
Dr：ディレクター Director
PL：プランナー Planner
ST：スタイリスト Stylist
HM：ヘアメイク Hairmake
E：エディター Editor
DF：制作会社 Design Firm
SB：作品提供社 Submittor
E-：エグゼクティブ Executive

※上記以外の制作者呼称は省略せずに掲載しています。
All other production titles are unabbreviated.

※本書に掲載されている店名、店舗写真、販促ツール、商品などは、すべて2009年8月時点での情報になります。
All in store-related information, including shop name, photography, promotional items and products are accurate as of August 2009.

※本書に掲載されているキャンペーン、プロモーションは、既に終了しているものもありますので、ご了承ください。
Please note that some campaigns and promotions are not longer deployed.

※作品提供者の意向によりデータの一部を記載していない場合があります。
Please note that some credit information has been omitted at the request of the submitter.

※各企業名に付随する、"株式会社、(株)"および"有限会社、(有)"は表記を省略させていただきました。
The "kabushiki gaisha (K.K.) and "yugen gaisha" (Ltd.) portions of all names have been omitted.

【collage】

A technique of modern painting.
In this book, the general term for work clippings of paper, printed matter or photographs are pasted onto a picture plane with handwriting or sketching applied in parts.

【コラージュ】近代絵画の技法の一つ。
本書では、画面に紙・印刷物・写真などの切り抜きを貼り付け、一部に加筆などして構成した作品を総称した。

Feel the Experience
エクスペリエンス。こころに響く、豊かな時間。
YEBISU GARDEN PLACE
15th anniversary

ポスター　Poster
恵比寿ガーデンプレイス［複合施設］ YEBISU GARDEN PLACE [Complex Facility]
AD, D：カイシトモヤ　Tomoya Kaishi　I, SB：せきなつこ (Taiko&Associates)　Natsko Seki (Taiko&Associates)
CW：東海林美佳　Mika Tokairin　DF：ルームコンポジット　room-composite

Illustration : Natsko Seki / Taiko&Associates

LUMINE1

どこまで 自分以外を 愛せるかな。

LUMINE2

LUMINE EST

Lumine

わたしらしくをあたらしく
LUMINE

ポスター、ボード Poster, Board
ルミネ［商業施設］LUMINE CO., LTD.［Shopping Center］
AD：丸山もゝ子 Momoko Maruyama
D：上岡真弓 Mayumi Ueoka /
松崎 賢 Suguru Matsuzaki
CW：尾形真理子 Mariko Ogata
P：秦 淳司 Junji Hata
A, Artist：青木むすび Musubi Aoki
A：ジェイアール東日本企画
East Japan Marketing & Communications, Inc. /
博報堂 HAKUHODO INC.
DF：ツープラトン TWOPLATOON INC.
SB：ルミネ LUMINE CO., LTD.

CD
DISKUNION［CDショップ CD shop］
AD：夏目久生 Hisao Natsume
I, SB：長谷川洋子 Yoko Hasegawa

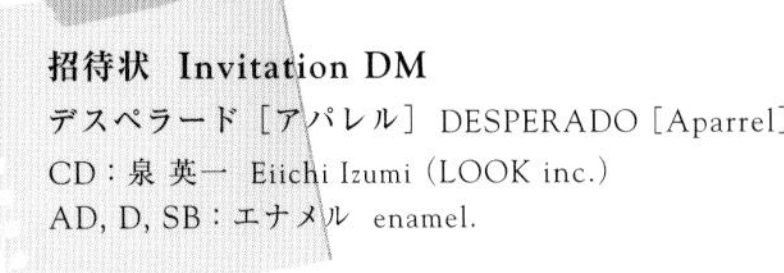

招待状 Invitation DM
デスペラード［アパレル］ DESPERADO［Aparrel］
CD：泉 英一 Eiichi Izumi（LOOK inc.）
AD, D, SB：エナメル enamel.

渋谷PARCO & 青山SPIRAL

2008.12/3〜12/14 渋谷PARCOパート1 B1
2008.12/25〜2009.1/13 青山SPIRAL (CLOSE 12/30〜1/4)

イラストレーター奥原しんことスタイリスト飯嶋久美子のコラボレーションブランド、チーズマンガーの期間限定ショップがオープンします。定番で人気の顔柄の小物やウェアー、2005〜2008年のアーカイブも展開します。また、2009年春夏アイテムを数点先行発売予定。みなさまのご来店をお待ちしております。

問合せ：チーズマンガー 03-5876-8201 渋谷区恵比寿南3-10-12-103
maile : info@cheese-monger.com URL : www.cheese-monger.com

DM、カタログ DM, Catalog

チーズマンガー［コラボレーションブランド］ CHEESE monger［Collaboration Brand］
AD：サイトウヒデユキ Hideyuki Saito（sitezero）
D, I, SB：奥原しんこ Shinko Okuhara P：PAK OK SUN（CUBE）
スタイリスト：飯嶋久美子 Kumiko Iijima（CUBE）

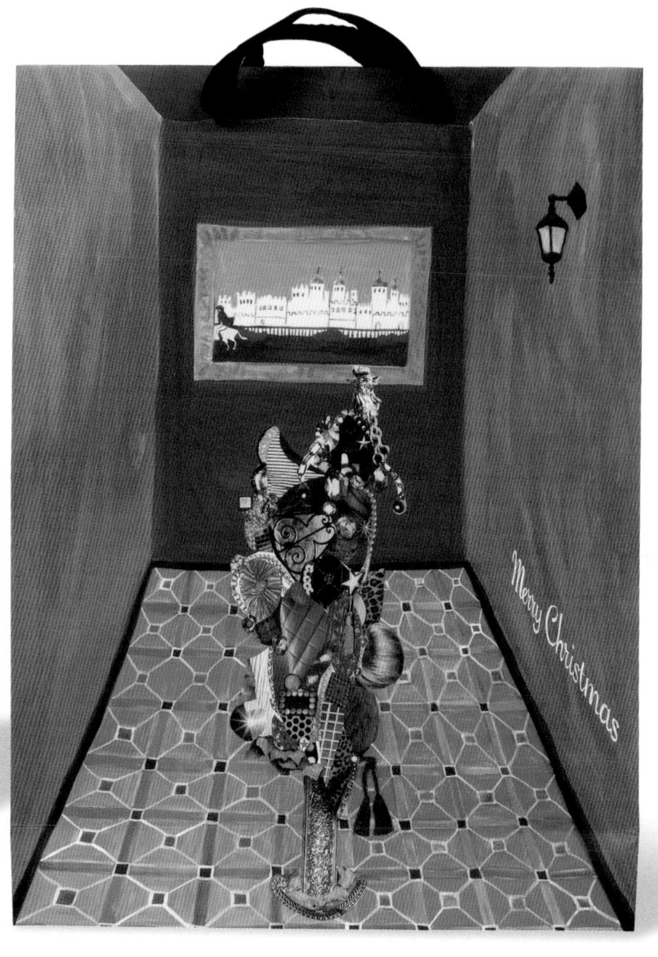

ショッピングツール Shopping Tool
アダム エ ロペ［アパレル］ Adam et Ropé [Apparel]
I, SB：奥原しんこ Shinko Okuhara

映画ポスター **Movie Poster**
東宝東和［映画配給会社］ TOHO-TOWA COMPANY, LTD. [Movie Distributor]
AD：大橋 修 Osamu Oohashi D：石井勇一 Yuichi Ishii
SB：サムエム thumb M

チラシ、パンフレット　Handbill, Pamphlet
日活［映画配給］NIKKATSU［Movie Distribution］
D, SB：大島依提亜　Idea Oshima
I：オオツカユキコ　Yukiko Otsuka

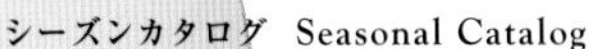

シーズンカタログ Seasonal Catalog
タビオ［靴下メーカー］ Tabio [Socks Manufacturer]
CD：深井之雄 Yukio Fukai / 本田多恵子 Taeko Honda
AD：坂本真知子 Machiko Sakamoto D：鈴木結香子 Yukako Suzuki
P：タカセイチロウ（モデル） Ichiro Takase (Model) /
コイケマコト（商品） Makoto Koike (Goods)
DF, SB：京田クリエーション KYODA CREATION

カタログ Catalog

ランプ ハラジュク［アパレル］Lamp harajuku［Apparel］

CD：米山悦子 Etsuko Yoneyama　D, I, P：栗田愛子 Aiko Kurita

SB：アッシュ・ペー・フランス H.P.FRANCE S.A.

vest) ¥33,600
irt) ¥39,900
s) ¥30,450
(blouse) ¥27,300
YOSHIKO (bag) ¥31.290
Aski Kataski (coat) ¥54,600 (skirt) ¥54,600
suzuki takayuki (bag) ¥50,400
coqu maho (brooch) ¥15,750 chausser (shoes)¥30,450
PROUVOST&FATHER (cort) ¥44,100
A.L.E.X (dress) ¥25,200 そのみつ (shoes) ¥57,750
(skirt) ¥34,650
DZO KHOLA (dress) ¥29,400 YAB-YUM (pants) ¥37,800
suzuki takayuki (belt) ¥ 39,900 chausser (shoes) ¥31,500
suzuki takayuki (jacket) ¥70,350 (skirt) ¥42,000 chausser (shoes) ¥31,500
suzuki takayuki (cort) ¥72,450 (dress) ¥58,800 (corsage) ¥13,650
そのみつ (shoes) ¥57,750 coqu maho (acc) ¥15,750

カタログ Catalog
ランプ ハラジュク［アパレル］ Lamp harajuku［Apparel］
CD：米山悦子 Etsuko Yoneyama D, I, P：栗田愛子 Aiko Kurita
SB：アッシュ・ペー・フランス H.P.FRANCE S.A.

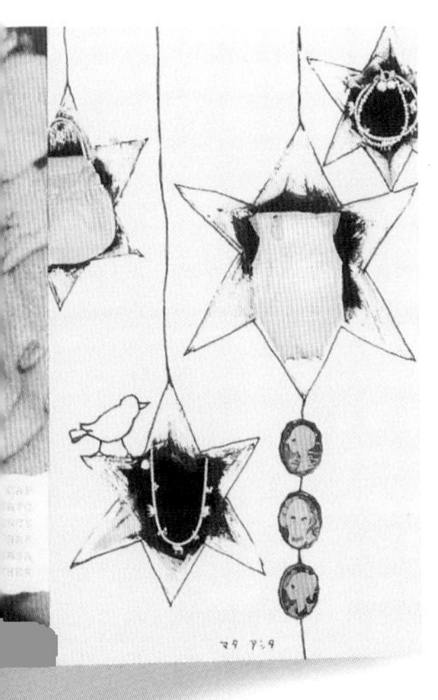

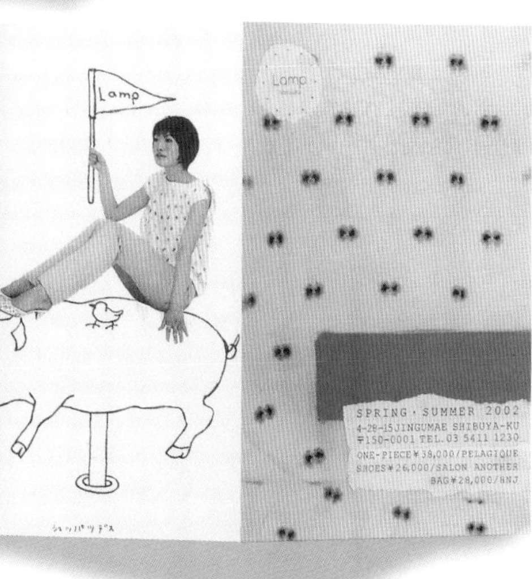

リーフレット　Leaflet
ファンケル［化粧品、食品メーカー］
FANCL HOUSE［Cosmetics, Foods］
AD, D：関 宙明　Hiroaki Seki
CW：白須明子　Akiko Shirasu
A：電通ヤング・アンド・ルビカム　DY&R
DF, SB：ミスター・ユニバース　MR.UNIVERSE

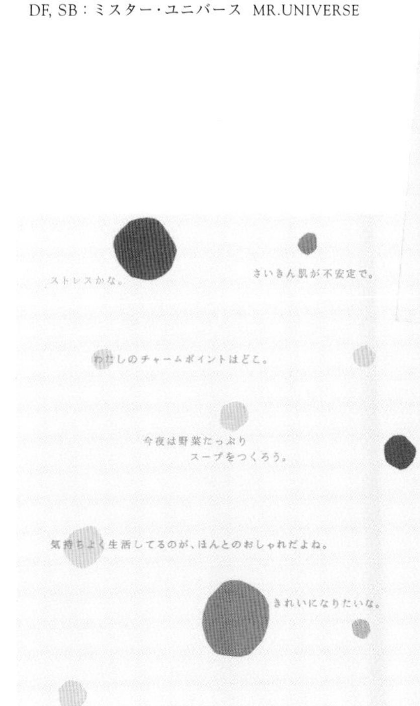

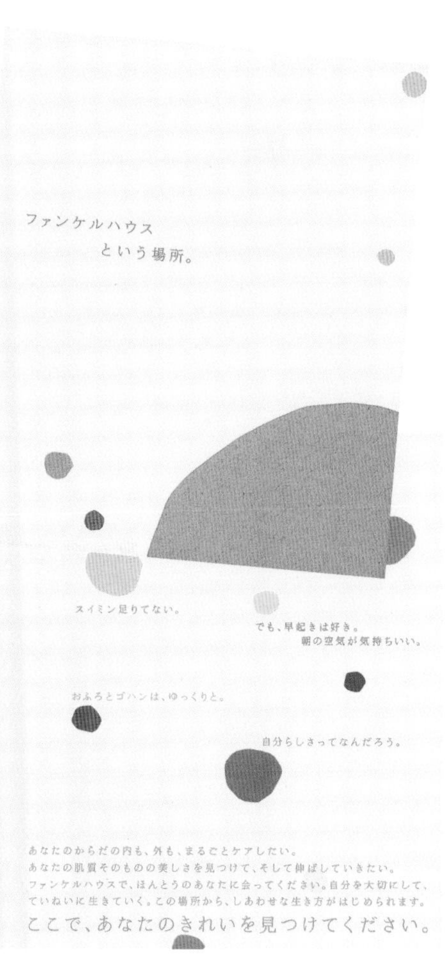

PARCO
SWIM
DRESS
夏盛り
PARCO
www.parco-swim.com

商品案内カタログ　Product Promotion Catalog
アルビオン［化粧品会社］ ALBION CO., LTD［Cosmetic Firm］
AD：沢田孝子　Takako Sawada　D：岩城紗絵子　Saeko Iwaki　CW：橋口奈苗　Nanae Hashiguchi
P：新倉哲也　Tetsuya Niikura　SB：アルビオン　ALBION CO., LTD

ポスター、カタログ　Poster, Catalog
パルコ［商業施設］
PARCO CO., LTD.［Commercial Facility］
CD：草刈 洋（パルコ） You Kusakari (PARCO)
AD：清川あさみ　Asami Kiyokawa（ASAMI）/
佐野之美（アサツー ディ・ケイ）
Yukimi Sano（ASATSU-DK INC.）
D：村瀬隆明　Takaaki Murase /
成嶋知香子（ADK アーツ）
Chikako Narushima（ADK Arts inc.）
CW：堤ゆず子（ADK アーツ）
Yuzuko Tsutsumi（ADK Arts inc.）
P：朴 玉順　Pak Ok Sun（CUBE）
A：アサツー ディ・ケイ　ASATSU-DK INC.
DF：ADK アーツ　ADK Arts inc. /
ナニラニ　nanilani co., ltd.
SB：パルコ　PARCO CO., LTD.

全方位型生活ステーション、着艦。

GRAND OPEN

南砂町ショッピングセンター SUNAMO（スナモ）
10月9日(木)10時グランドオープン!!

7つの大型店と約100の専門店が一堂に!! ●エリア最大級1,350台の駐車場完備 ●東西線『南砂町』駅(東口3番出口)より徒歩5分 永代通り沿い
●営業時間 物販・サービス・フードコート 10:00~21:00 レストラン 11:00~22:00 ※一部店舗により異なります。／食品スーパー 9:00~23:00 http://sunamo.jp

〒136-0075 東京都江東区新砂3-
TEL 03-5665-3673

オープニングビジュアル Opening Visual
三菱地所リテールマネジメント［ショッピングセンターの運営］Mitsubishi Jisho Retail Property Management Co., Ltd. [Management of Shopping Center]
CD：菅谷信彦 Nobuhiko Sugaya AD：峰松 睦 Mutsumi Minematsu D：牟田祥子 Shoko Muta CW：岡 利恵子 Rieko Oka
A, SB：広研 kouken., LTD DF：シービーケー CBK., LTD Artwork：伊藤桂司 Keiji Ito

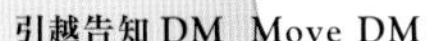

引越告知DM Move DM
デイリーフレッシュ［制作会社］ Dairy Fresh［Design Company］
CD, AD：秋山具義 Gugi Akiyama D：永楽雅也 Masaya Eiraku
DF, SB：デイリーフレッシュ Dairy Fresh

ハッピーホリック2
オン・ジ・アース
Happyholic 2
ON THE EARTH
ハッピーホリック2 オン ジ アース オードパルファム 50mL
フランス製 ¥5,250(税込) 4560172880573
[輸入元]株式会社エクスパンド [販売元]株式会社コスメプランニング
http://www.expand-japan.com

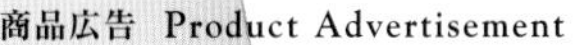

商品広告 Product Advertisement
エクスパンド［香水・化粧品の輸入、製造、販売］
EXPAND co., ltd［Import, Manufacturing, Sales of Perfume and Cosmetics］
CD, AD：篠原秀忠 Hidetada Shinohara D, I：オーノリュウスケ Ryusuke Oono
SB：エクスパンド EXPAND co., ltd

ワタシが一番好きな映画は、
ここで観る映画です。
7.19土 白いシネコン、新宿にデビュー！
ピカデリー
＊SHINJUKU
オープン特典
1,000円
7.19
7.26
8.1
新宿ピカデリー
検索

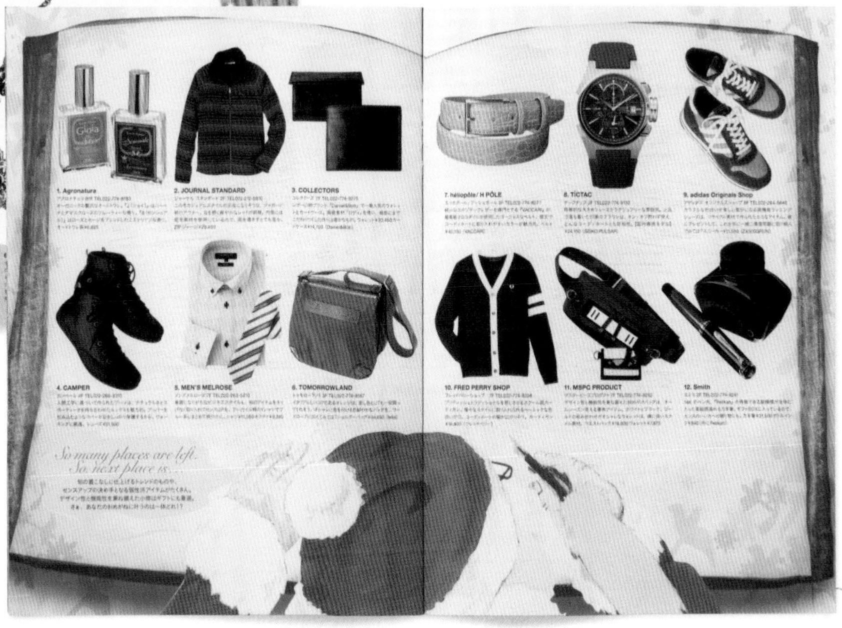

ポスター、チラシ Poster, Handbill

新宿ピカデリー［映画館］ Shinjuku Piccadilly [Cinema Complex]

CD：秋山裕太 Yuta Akiyama　AD：露野祐美子 Yumiko Tsuyuno / 江崎光浩 Mitsuhiro Esaki　D：髙橋真実 Mami Takahashi

I, SB：長谷川洋子 Yoko Hasegawa　CW：佐藤隆二 Ryuji Sato

A：ディーイーシー・マネージメントオフィス DEC Management Office

カタログ、ステーショナリー Catalog,Stationery

パルコ［商業施設］ PARCO CO., LTD. [Commercial Facility]

AD：野口孝仁 Takahito Noguchi　D：新井勝也 Katsuya Arai

I：バギー（スターファクトリー） Buggy (starfactory*)

CW：藤巻千恵 Chie Fujimaki　P：小嶋晋介 Shinsuke Kojima

DF, SB：ダイナマイト・ブラザーズ・シンジケート Dynamite Brothers Syndicate

カタログ、ステーショナリー　Catalog,Stationery

パルコ［商業施設］
PARCO CO., LTD.［Commercial Facility］
AD：野口孝仁　Takahito Noguchi
D：清水恵介　Keisuke Shimizu
I：大塚いちお　Ichio Otsuka
P：平野愛智　Aichi Hirano
DF, SB：ダイナマイト・ブラザーズ・シンジケート
Dynamite Brothers Syndicate

to make everyone HAPPY.

to give them lots of cakes...

AT ABOUT HELPING SANTA CLAUS
DELIVER PRESENTS?

What about giving them
a Hand-knit socks?

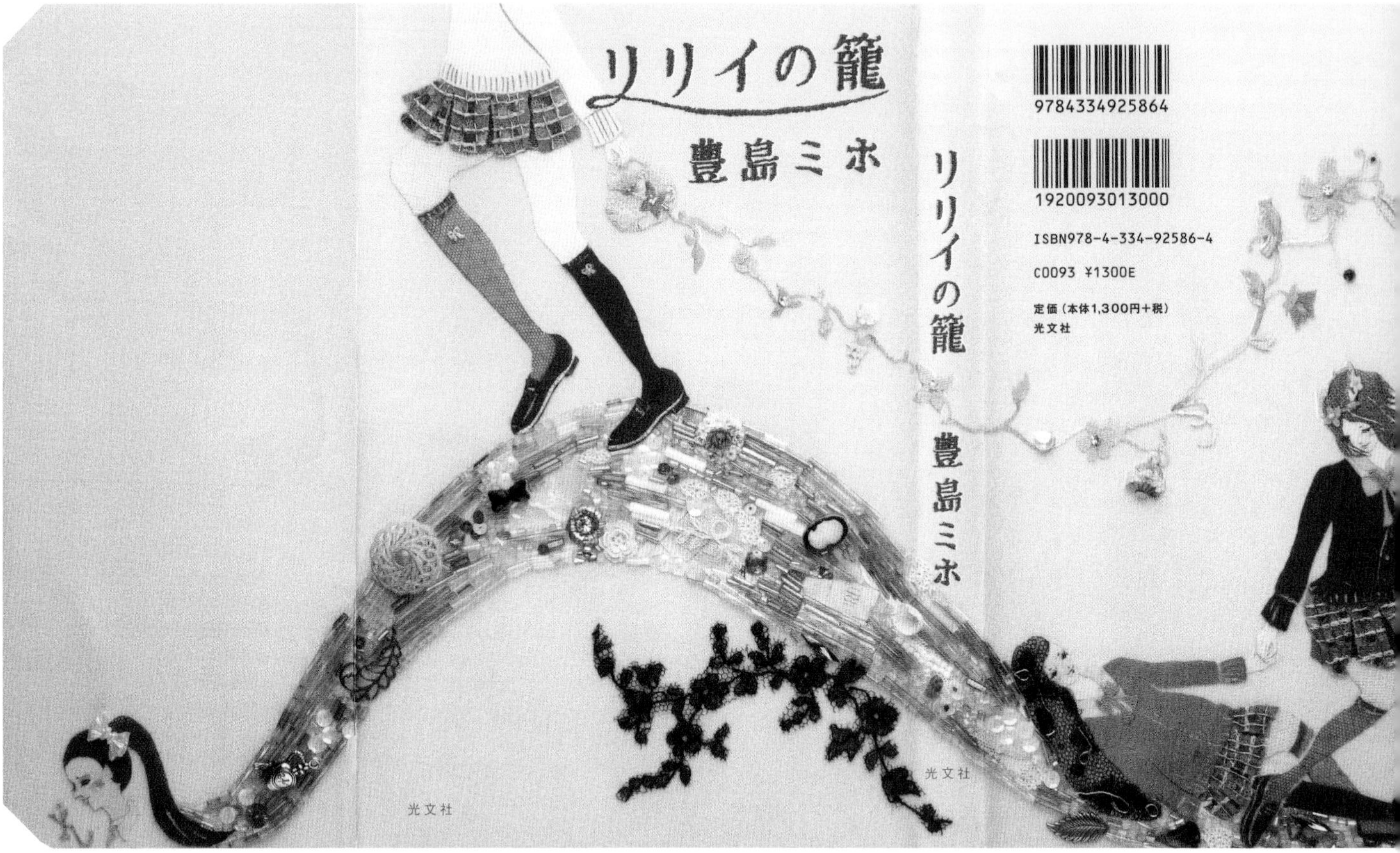

書籍 Book
角川書店［出版社］
Kadokawa Shoten Publishing Co., Ltd.［Publisher］
D：鈴木久美 Kumi Suzuki
I, SB：長谷川洋子 Yoko Hasegawa

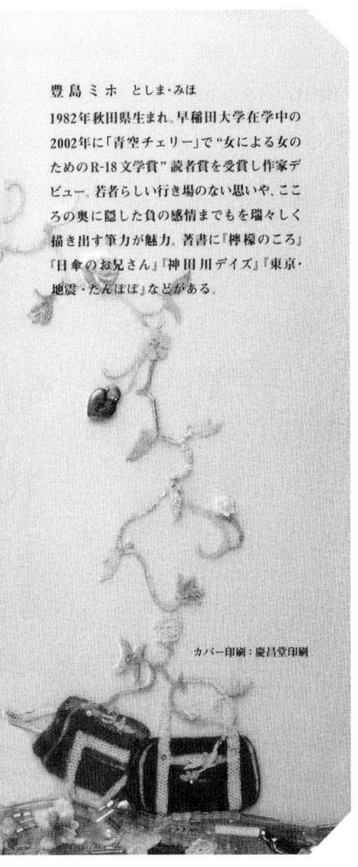

豊島ミホ　としま・みほ
1982年秋田県生まれ。早稲田大学在学中の2002年に「青空チェリー」で“女による女のためのR-18文学賞”読者賞を受賞し作家デビュー。若者らしい行き場のない思いや、こころの奥に隠した負の感情までもを瑞々しく描き出す筆力が魅力。著書に『檸檬のころ』『日傘のお兄さん』『神田川デイズ』『東京・地震・たんぽぽ』などがある。
カバー印刷：慶昌堂印刷

書籍　Book
光文社［出版社］Kobunsha Co., Ltd.［Publisher］
D：中村光宏　Mitsuhiro Nakamura
I, SB：長谷川洋子　Yoko Hasegawa
DF：エヌ・ディ・オー　NDO
Coordinator：アートリエゾン　artliaison

世界でいちばん淋しい遊園地
西田俊也
角川書店
9784048737319
1920093014007
ISBN4-04-873731-7
C0093 ¥1400E
定価：本体1400円（税別）
世界でいちばん淋しい遊園地

松屋と銀座の物語❶

ずっと銀座らしく

銀座には「松屋通り」があります。
店舗名がそのまま通りの愛称となるのは
銀座では数少ないことですが
「松屋通り」は古くから、広く親しまれてきました。

お話は、いまから半世紀前にさかのぼります。
開業から4年目の地下鉄丸ノ内線が
西銀座まで開通した、昭和32年。
銀座を愛する、当時の地元の人々が
「松屋通り」と名づけたことが始まりです。
以来、銀座らしい街路として、多くの人に親しまれ
昭和36年の映画「銀座の恋の物語」には
「松屋通り」のシーンが登場します。

銀座を愛する人たちが、銀座を訪れた恋人たちが
洗練と華やかさを楽しむ「松屋通り」。
これまでも、これからも
この銀座3丁目で
松屋銀座は、いつもあなたをお迎えします。

もっと銀座らしく
あなたのために
松屋銀座がいます。

MATSUYA GINZA

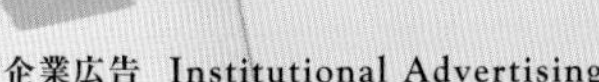

企業広告 Institutional Advertising
松屋［百貨店］ Matsuya Co., Ltd［Department Store］
CD：菅谷信彦 Nobuhiko Sugaya　AD：奥 洋次郎 Yojiro Oku　CW：中野 秀 Hide Nakano
P：下山一人 Kazuto Shimoyama　I, SB：せきなつこ (Taiko&Associates) Natsko Seki (Taiko&Associates)

CD ジャケット CD Jacket
コアレコード［レコードレーベル］
Coa Records［Records Label］
AD, D, SB：コアグラフィックス Coa Graphics

水戸芸術館
ART TOWER MITO
Qty Barcode Description Total
LIFE
Total Units
07/22/2006
Life
ライフ
2006年7月22日(土)→10月9日(月・祝)
水戸芸術館現代美術ギャラリー
開館時間：9時30分～18時 ※入場は17時30分まで
休館日：月曜日 ※ただし、9月18日、10月9日(月・祝)開館、翌、9月19日(火)休館
入場料：一般800円、前売・団体(20名以上)600円、中学生以下・65歳以上・各種障害者手帳をお持ちの方は無料
展覧会チケット発売：水戸芸術館エントランスホールチケットカウンター、JR東日本みどりの窓口、びゅうプラザ
主催：財団法人水戸市芸術振興財団
後援：茨城県、茨城県教育委員会、茨城県障害者スポーツ・文化協会、社会福祉法人水戸市社会福祉協議会、NHK水戸放送局
協賛：アイ・ティ・エイチ、Asahi アサヒビール株式会社、トヨタ自動車株式会社
協力：川口太陽の家・工房「集」、すずかけ絵画クラブ、NPO法人もうひとつの美術館、やまなみ工房、株式会社角川書店、株式会社創夢、株式会社宝島社、有限会社東京カラー工芸社、富士写真フィルム株式会社
企画：高橋瑞木(水戸芸術館現代美術センター学芸員) 企画協力：はたよしこ、山下里加
問い合わせ：水戸芸術館現代美術センター
-0063 茨城県水戸市五軒町1-6-8 Tel.029-227-8120
//www.arttowermito.or.jp/
東日本で前売り入場券発売中
お求めは、JR東日本みどりの窓口、びゅうプラザへ
前売入場券(2006年10月9日まで発売)：一般(高校生以上)600円
JR東日本
220240

オープニングレセプション招待状 Invitation Card to Opening Party
ビームス［アパレル］ BEAMS [Apparel]
CD：長柄櫻子 Sakurako Nagara AD, D：瀧澤仁奈子 Minako Takizawa P：緒形梯一 Teiichi Ogata
PR：青野賢一 Kenichi Aono SB：ビームスクリエイティブ BEAMS CREATIVE INC.

チラシ Handbill
水戸芸術館 現代美術センター［美術館］
Contemporary Art Center, Art Tower Mito [Museum]
D, SB：大島依提亜 Idea Oshima

ポスター　Poster
リクルート［出版社］ RECRUIT CO., LTD.［Publisher］
CD：中山昌士　Masashi Nakayama　AD：小澤治朗　Jiro Ozawa　D：立枕照裕　Akihiro Tatemakura / 三宅健之　Kenji Miyake
CW：岡部将彦　Masahiko Okabe　A, SB：電通中部支社　DENTSU INC. CHUBU　DF：インパクトたき　Impact taki Co., Ltd.

RECRUIT
ネットでバイトを探すなら。
FromAnavi
http://froma.yahoo.co.jp
名古屋中心部のシゴト探しに。
TOWNWORK 758
毎週月曜日発行 ¥0

RECRUIT
バンドを組んだが、楽器が買えず、即、解散。
青春するにも金は要る。

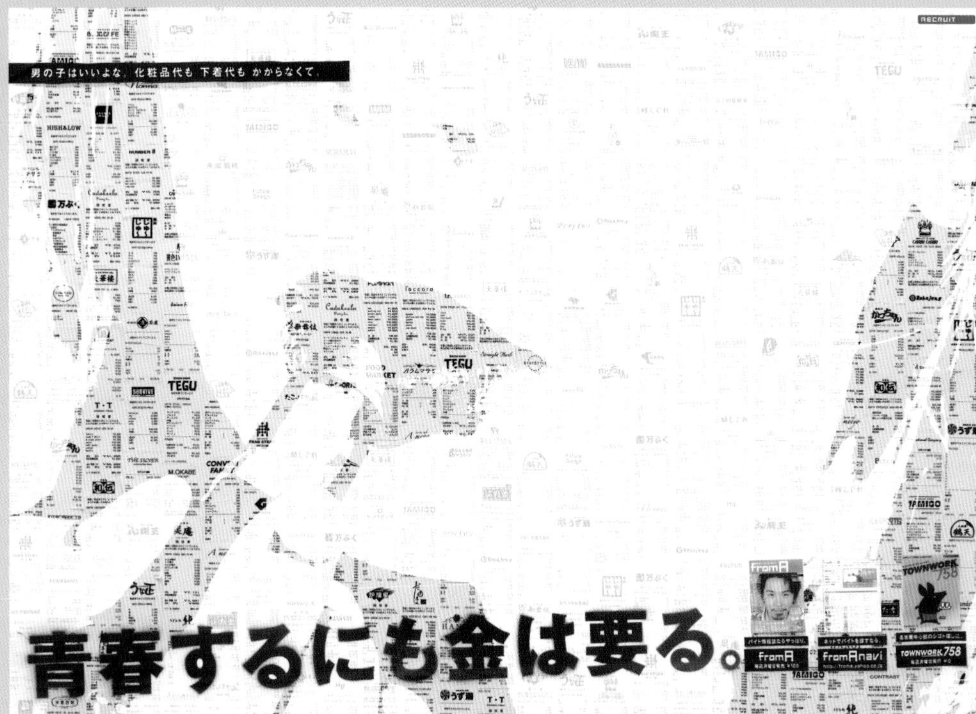
RECRUIT
男の子はいいよな。化粧品代も 下着代も かからなくて。
青春するにも金は要る。

インビテーションボックス、パンフレット
Invitation Box, Pamphlet

クルック［アパレル］ Kurkku［Apparel］

CD, AD：水野 学 Manabu Mizuno　D：久能真理 Mari Kuno

P：須藤秀之（パンフレット） Hideyuki Suto（Pamphlet）

Artist：ニコラス・A・オルガ（インビテーションボックス） Nicholas A Orga（Invitation Box）

SB：グッドデザインカンパニー good design company

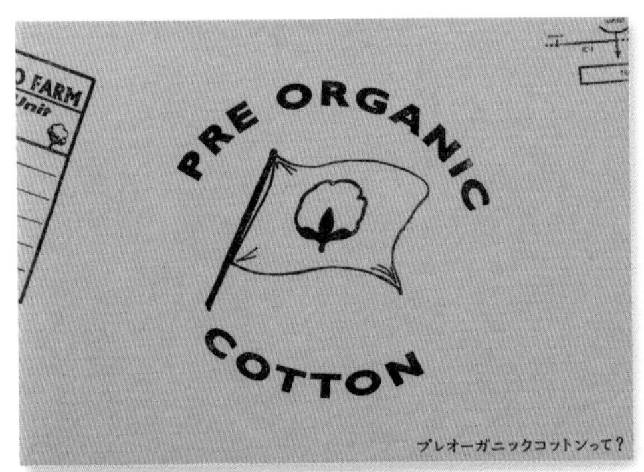

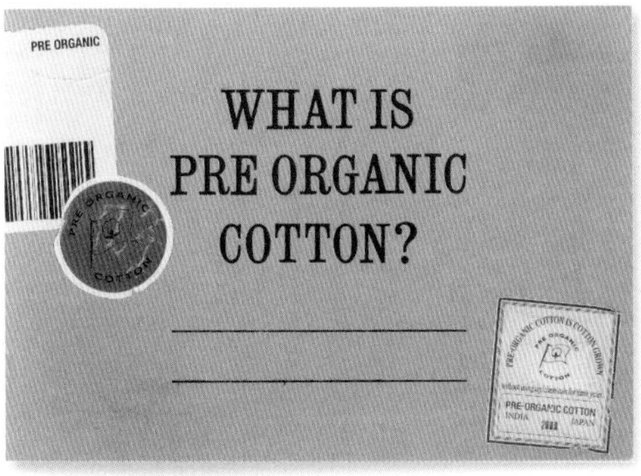

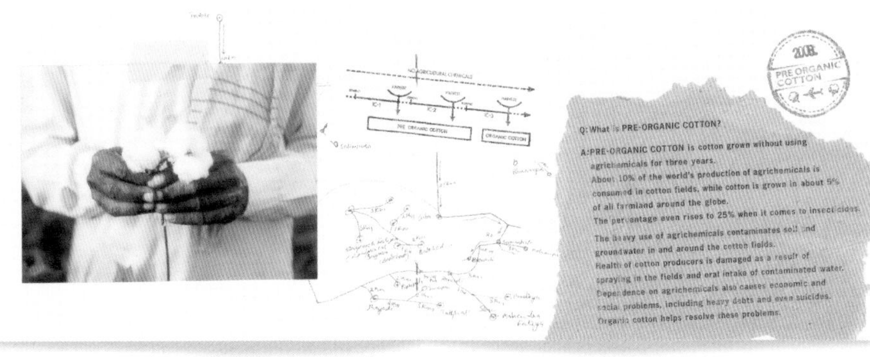

これらのポスターを素材として、
箱のコラージュを制作した。
These posters were used to produce
the collage on the box.

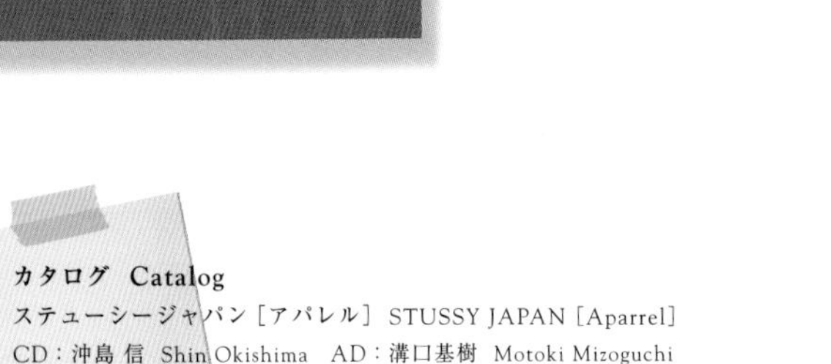

カタログ Catalog
ステューシージャパン［アパレル］ STUSSY JAPAN [Aparrel]
CD：沖島 信 Shin Okishima AD：溝口基樹 Motoki Mizoguchi
D, SB：モー・デザイン mo'design inc.

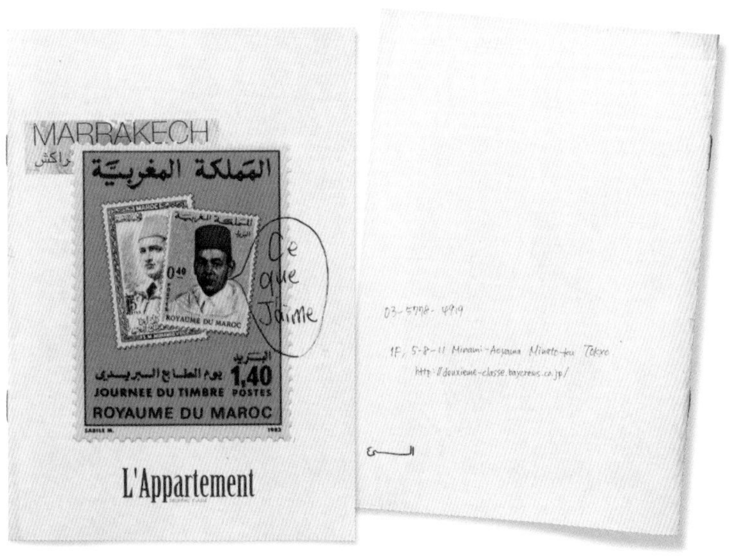

マンスリーカタログ Monthly Catalog
アパルトモン［アパレル］ L'Appartement [Apparel]
CD, P：佐藤 恵 Megumi Sato AD, D：峯崎ノリテル Noriteru Minezaki
DF, SB：ステゥディオ ((STUDIO))

TAPIS DE RABAT

ポスター　Poster
ラタン・イヴ［セレクトショップ］ Eve Group co., ltd. [Select Shop]
CD, AD, D：中村和人 Kazuto Nakamura　CD：中村富子 Tomiko Nakamura
D：倉田美幸 Miyuki Kurata　DF, SB：ペンギングラフィックス Penguin Graphics

HARAJUKU PERFORMANCE +フライヤー
HARAJUKU PERFORMANCE + Flier
ラフォーレ原宿［商業施設］LAFORET［Commercial Facility］
AD, D：生意気 Namaiki　A：ラップネット Lapnet inc.
SB, Pr：小沢康夫 Yasuo Ozawa

designed by Kensaku Kato (TOKYO PISTOL)
よく母とお買い物に行った
この辺で野球をしました。
from PUBLIC ART
to COMMUNITY DESIGN
思い出横丁からアートする
パブリックアートからコミュニティデザインへ
笠尾敦司＋野口靖 2008.11.1 SAT. - 9 SUN.
新宿西口思い出横丁／歌舞伎町大久保公園 http://ArtToDesign.net
EVENTS/MAP イベントスケジュール
❶長大思い出横丁街並のれん展示と
思い出横丁街並アロハでのおもてなし──笠尾敦司
会場＝新宿西口思い出横丁線路脇街灯と思い出横丁線路沿いの各店内
期間＝2008年11月1日［土］→11月9日［日］
❷場の記憶 新宿でのフィールドワーク──野口靖
会場＝新宿歌舞伎町 大久保公園
期間＝2008年11月8日［土］→11月9日［日］ 18:00–21:00
❸思い出横丁にハイブリッド水彩で
みんなの思い出を作る──笠尾敦司
会場＝新宿西口思い出横丁青梅街道からの入り口付近
期間＝2008年11月8日［土］→ 9日［日］ 14:00–21:00
EVENT 1 思い出横丁
EVENT 3 思い出横丁
EVENT 2 大久保公園
N
JR新宿駅
西武新宿駅
主催＝「思い出横丁からアートする」実行委員会 共催＝新宿西口商店街振興組合 協力＝歌舞伎町タウン・マネージメント、新宿区角筈特別出張所、新宿文化ロード協議会事務局（新宿区地域文化部産業振興課内）、新宿歴史博物館、東京工芸大学、西新宿をよくする会（五十音順）
お問合せ＝「思い出横丁からアートする」実行委員会
Tel＝03-3364-3235 Fax＝03-3364-2945 E-mail＝info@arttodesign.net
公式ホームページ
http://ArtToDesign.net

CD ジャケット　CD Jacket
トイズファクトリー［音楽・映像ソフトの企画・制作・発売・プロモーション］
TOY'S FACTORY［Project, Production, Sale, Promotion of Music and Image Software］
AD, D, SB：コアグラフィックス　Coa Graphics　I：hozzy（藍坊主）hozzy（aobozu）

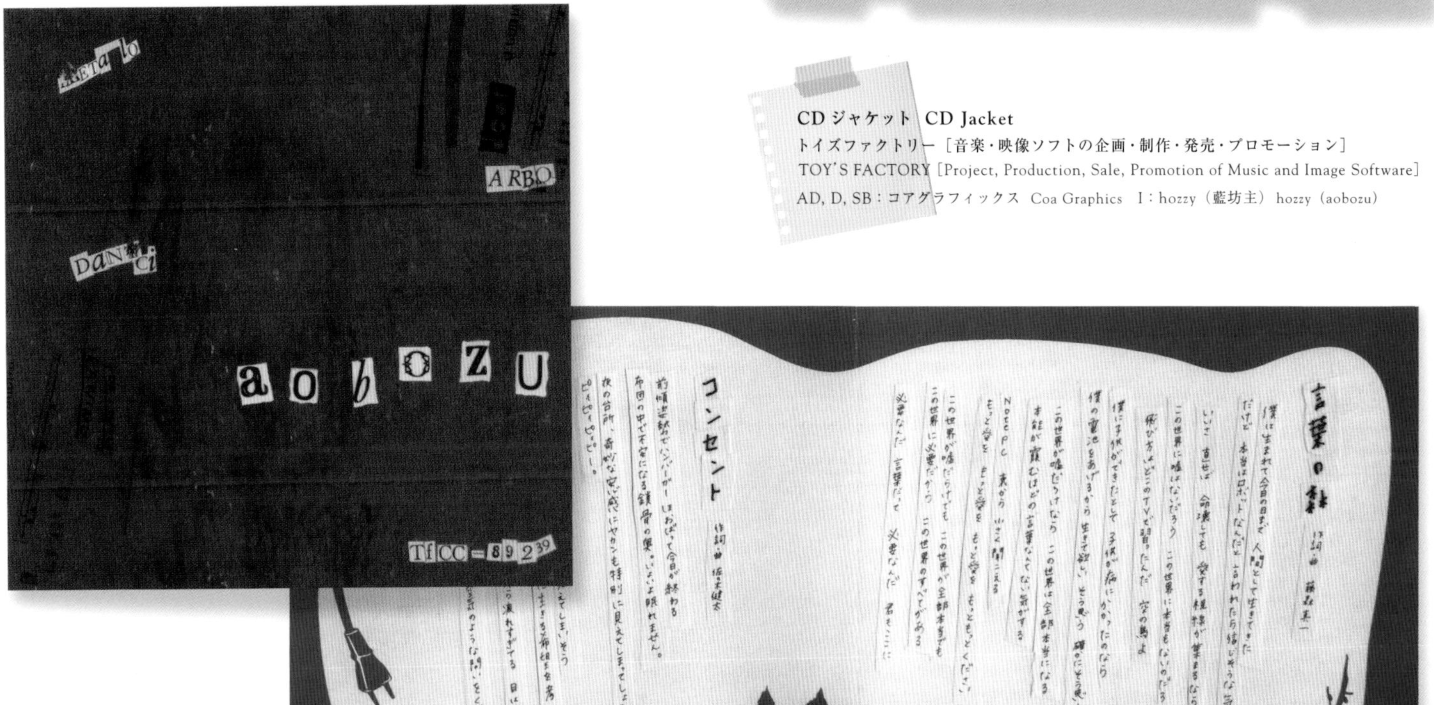

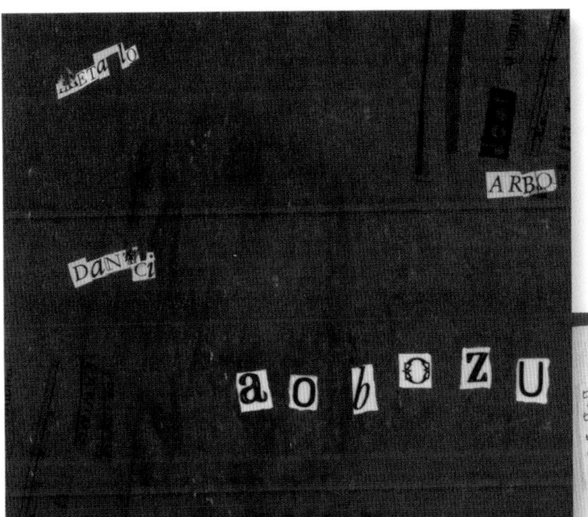

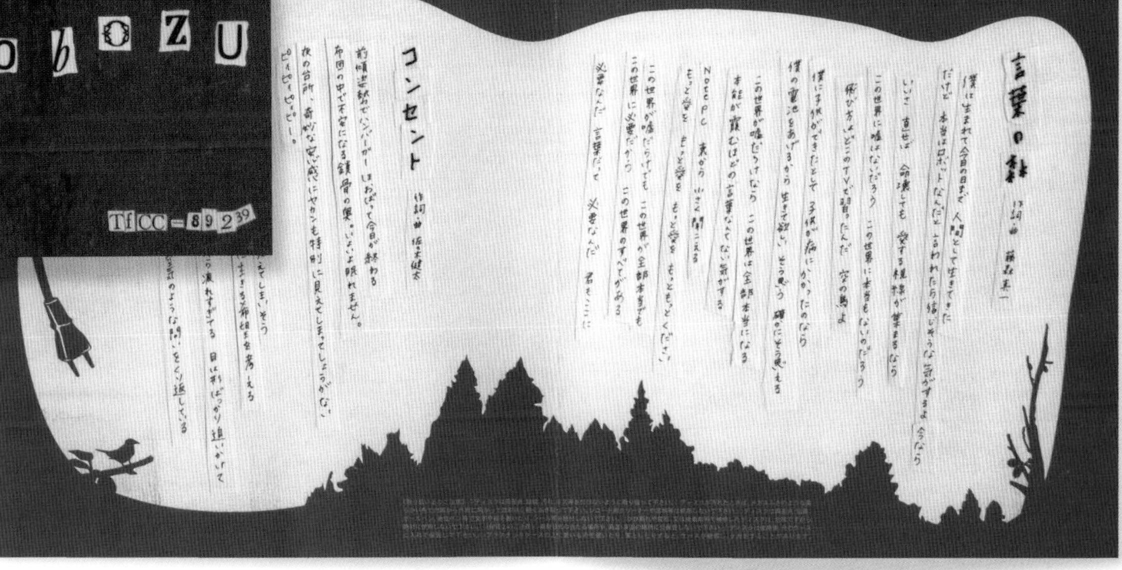

イベントポスター　Event Poster
東京工芸大学［大学］Tokyo Polytechnic University［University］
AD, D：加藤賢策 Kensaku Kato
SB：東京ピストル TOKYO PISTOL CO., LTD.

企業広告
Institutional Advertising
Hindustan Pencils Limited / APsara Erasers [Stationary]
CD, CW, SB：Zenobia Pithawalla
AD：Heeral Desai Akhaury / Kunal Sawant
I：Pradeep　P：Avadhut Hembade
A：Ogilvy and Mather, Mumbai

Shoes & Bag
Chaussures et Sac
Scarpe e Borse

Jul 16thu-20mon
Hiroshima / Galaxy

Jul 22wed-26sun
Kure / Via Luisa

EVE Group
Galaxy / Galaxy mu / Galaxy news / Galaxy men / Praising / Via Luisa / Le Grand Bleu

イベントDM Event DM
ラタン・イヴ［セレクトショップ］
Eve Group co., ltd.［Select Shop］
CD, AD, D：中村和人 Kazuto Nakamura
CD：中村富子 Tomiko Nakamura
D：倉田美幸 Miyuki Kurata /
永戸修司 Shuji Nagato
DF, SB：ペンギングラフィックス
Penguin Graphics

プラネタリウム番組
ぼくとクジラのものがたり
―星の海をわたって―
海にうかぶ島は、空にちらばる星たち。
きみの頭上に輝く星は、しあわせの星。
クジラと一緒に、海と夜空をわたって、
しあわせ探しにいこう。
投影期間　2009年7月18日（土）ー
＊日によって投影時刻が変わります。
山梨県立科学館
Yamanashi Prefectural Science Center
スペースシアター
http://www.kagakukan.pref.yamanashi.jp/ Tel. 055-254-8151
THE UNIVERSE
世界天文年
2009

ポスター、チラシ　Poster, Handbill
山梨県立科学館［科学館］
Yamanashi Prefectural Science Pavilion [Science Pavilion]
I, SB：ツペラツペラ　tupera tupera　CW：高橋真理子　Mariko Takahashi

イベントパンフレット　Event Pamphlet
一般社団法人 大丸有環境共生型まちづくり推進協会［まちづくり推進協会］
The Ecozzeria Association [City Planning Promotion Society]
CD：鈴木菜央　Nao Suzuki　AD, D：渡辺 文　Aya Watanabe
I：荒川慎一　Shinichi Arakawa　SB：ビオピオ　biopio inc.

NTT西日本スペシャル

絵本カーニバル IN FUKUOKA 2007

2007年6月20日水～9月24日月 ※開催期間は会場により異なる

ところ 福岡県立美術館　福岡アジア美術館　福岡市美術館　九州国立博物館　石橋美術館　北九州市立美術館　田川市美術館　直方谷尾美術館　嘉麻市立織田廣喜美術館　イムズ　三菱地所アルティアム　九州日仏学館

■主催：九州大学ユーザーサイエンス機構子どもプロジェクト、西日本新聞社、テレビ西日本、NPO法人子ども文化コミュニティ　■特別協賛：NTT西日本　■協力：航空会社、旅行会社（2社程度）　■後援：福岡県、福岡県教育委員会、福岡市教育委員会、太宰府市教育委員会、久留米市教育委員会、北九州市教育委員会、田川市教育委員会、直方市教育委員会、嘉麻市教委員会、福岡県私立幼稚園振興協会、福岡県国公立幼稚園協会、福岡県PTA連合会、福岡県子ども会育成連合会、福岡県教職員互助会、福岡県学校図書館協議会、西日本鉄道、九州旅客鉄道、西日本リビング新聞社、CROSS FM、FM福岡、天神エフエム、LOVE FM、西日本文化サークル連合、西日本天神文化サークル
■お問い合わせ：西日本新聞社　事業局「絵本カーニバル」事務局　〒810-8721　福岡市中央区天神1-4-1　TEL:092-711-5550　FAX:092-711-8120

「絵本カーニバル」ページのHP　http://www.nishinippon.co.jp/jigyou/event/picturebook/

西日本新聞創刊130周年記念

ポスター　Poster

NTT 西日本［電信電話会社］
NTT Nishinihon［Communication Common Carrier］
I, SB：ツペラツペラ　tupera tupera

企業広告　Institutional Advertising

日本トイザらス［ベビー、キッズ、マタニティグッズ販売］
Toys "R" Us-Japan, Ltd.［Baby, Kids, Maternity Goods Sales］
CD, CW：石田文子　Fumiko Ishida　AD, D：濱 弘幸　Hiroyuki Hama
D：栗林 厚　Kou Kuribayashi　I：ツペラツペラ　tupera tupera
P：中村一弘　Kazuhiro Nakamura　A, SB：大広　DAIKO ADVERTISING INC.
DF：大広クリエイティブ&パートナーズ　DAIKO CREATIVE & PARTNERS

いきものみっけて、くらしを変える。

—生物多様性から見た地球温暖化—

ひとや動物、草や花、ちいさな菌や虫も。身のまわりのいのちはすべてつながっています。
このたくさんのいのちの調和は自然と呼ばれてきました。
このごろでは生物多様性ともいいます。そこに、なくていいいのち、むだないのちはありません。
いそがしい毎日のなかで、忘れがちな自然の調和のありがたさを認め合えるように、
自覚なくうっかり壊してしまわないように、いきものをみつけて、
教え合おうよと呼びかけています。それが「いきものみっけ」です。

<参加のしかた>季節ごとに対象となるいきものを見つけて、見つけた日付や場所を、「いきものみっけ」事務局までお送りください(ホームページ・携帯電話・郵送・Faxで受け付けています)。ホームページ上に、全国各地で見つけられたいきものの「いきもの地図」が出来あがります。ホームページでは「いきものみっけ」のコツや調べる理由、いきもの豆知識や全国各地のイベント情報がもりだくさんです。**<こんないきもの見つけよう>**夏：ツマグロヒョウモン・アメリカザリガニ／秋冬：ヒガンバナ・イチョウ・ヒキガエルの卵／春：ウグイスのさえずり・ツクシなど全30種。詳しくはホームページをご覧ください。**<お知らせ>**「いきものみっけ手帖」を2009年6月から配布しています。季節ごとの「いきものみっけ」で見つけるいきものの図鑑や、いきもののみわけポイントなどの情報ももりだくさん。手帖は無料で差し上げております。※手帖の送付を希望される場合は、事務局までご連絡ください。

パソコン http://www.mikke.go.jp/
携帯電話 http://m.mikke.go.jp/

いきものみっけ 検索

〒106-0041 東京都港区麻布台1-11-9 ダヴィンチ神谷町 全国地球温暖化防止活動推進センター内
「いきものみっけ」事務局 TEL 03-3568-4131 FAX 03-3568-4132 E-MAIL info@mikke.go.jp

ポスター、手帖 Poster, Pocketbook
環境省自然環境局生物多様性センター［行政機関］
Biodivesity Center of Japan［Administrative Body］
I, SB：ツペラツペラ tupera tupera
DF：ソーシャルクリエイティブエージェンシー サステナ
Social Creative Agency Sustena
Writer：生態計画研究所 Eco-Planning Reseach co. Ltd.

カタログ Catalog
千趣会［通信販売会社］ Senshukai [Mail Order Firm]
AD：神山武史 Takeshi Kamiyama I, SB：木野聡子 Akiko Kino
DF：シーズ広告制作会社 SEAS Advertising

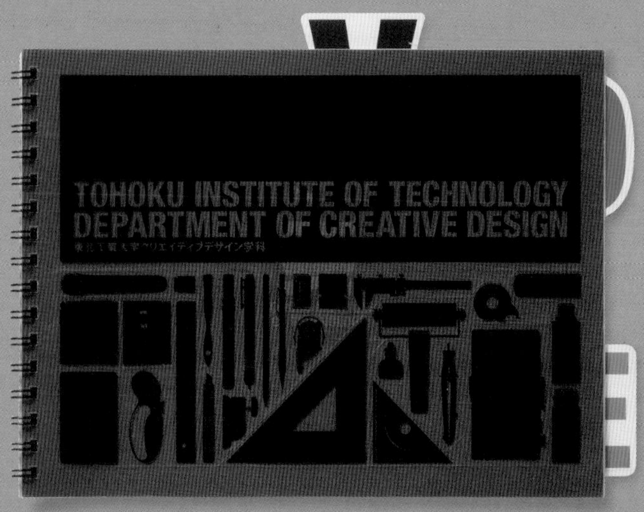

入学案内パンフレット　Entrance Guide Pamphlet
東北工業大学［大学］ Tohoku Institute of Technology［College］
CD：エクシード　EXCEED　AD：溝口基樹　Motoki Mizoguchi
DF, SB：モー・デザイン　mo'design inc.
E：アトリエ・ヴィ　ATELIER-VIE

CREATIVE DESIGN

クリエイティブデザイン学科とは？

KEY WORDS
OF DEPARTM

デザインが時代を楽しくする
東北工業大学クリエイティブデザイン学科

私たちが生きるこの時代を豊かに、そして楽しくする鍵が "デザイン" です。時代のニーズを知り、何
をどう作るかを考える。手にする人にとって使いやすく、美しいものを作る。もちろん、これらもデザ
インでは大切なことですが、工学やデザイン領域の枠にとらわれず、芸術的な価値を創り出せるク
リエイターを育てたい、という思いを "クリエイティブ" の言葉に込め、この学科は誕生しました。単
なるモノづくりにとどまらず、モノが使われる社会に大きな価値をもたらす人材を育てていきます。

VIS
UAL
DESIGN
DEPARTMENT OF
CREATIVE DESIGN
TOHOKU INSTITUTE OF TECHNOLOGY

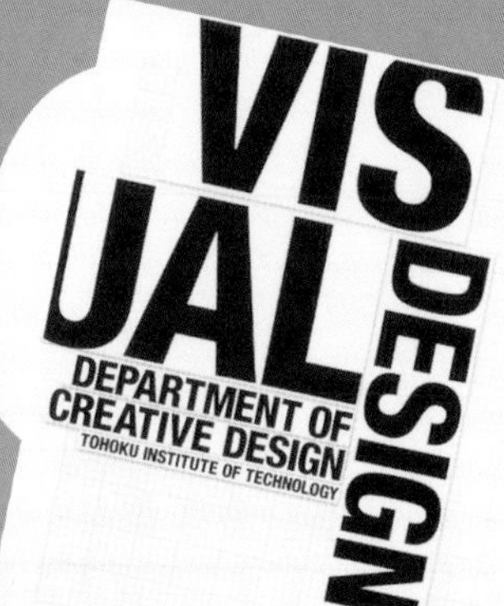

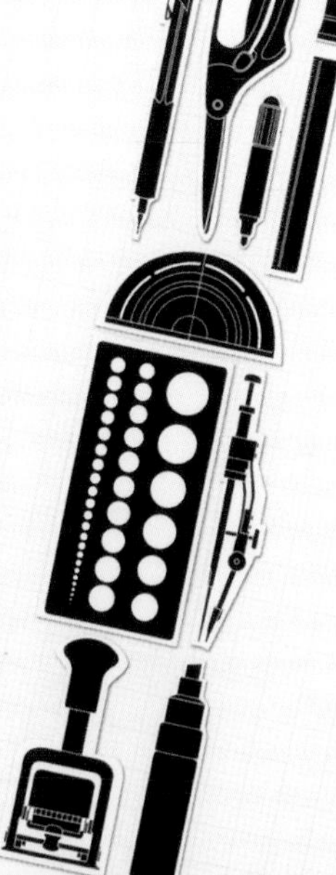

目から心をつかむデザイン

ビジュアルデザインを効果的に見せるためには、理論的
なアプローチが必要とされます。イメージ戦略を探ると
ころからはじまり、ロゴやパッケージ、グラフィック広告や
テレビCMまで、具体的なデザイン計画をすべて実践する
ことで企画立案の力を養っていきます。このコースではグ
ラフィックデザインやイラストレーション、3DCG、写真や
版画などの平面作品はもちろん、鉄や木材加工による立
体造形作品など、自由な手法でモノづくりができるのも
魅力のひとつ。自分が作ったモノを通して、メッセージが
どのように人に伝わっていくかを学ぶことができます。

ラクーア ショップ＆レストラン 6周年感謝 10%キャッシュバックキャンペーン

LaQua

10%

CASH BACK

3 DAYS

5/29(FRI)~31(SUN)

LaQua
TOKYO DOME CITY

期間中ラクーア ショップ＆レストランにて5,000円以上（税込）ご利用のお客様にレシート
合計金額10%相当のラクーア ショップ＆レストランご利用券を差し上げます。※「一蘭」「ラクーアカーニバル」除く

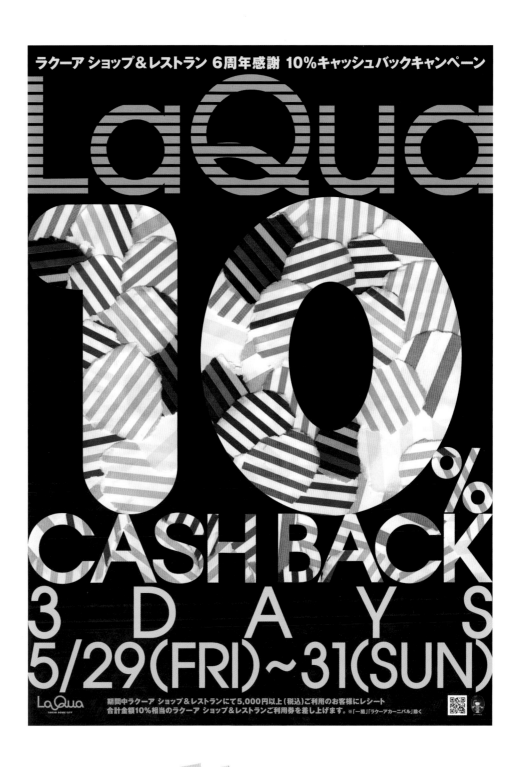

キャンペーン案内ツール Campaign Guide Tool
東京ドームシティ ラクーア［商業施設］Tokyo Dome City LaQua [Commercial Facility]
AD：鷲見 陽 Akira Sumi D：高山優子 Yuko Takayama
A：パルコスペースシステムズ PARCO SPACE SYSTEMS CO., LTD.
DF, SB：アンテナグラフィックベース ANTENNA GRAPHIC BASE CO., LTD.

New Artist Picks

淺井裕介展

「根っこのカクレンボ」

MASKING PLANT PROJECT in YOKOHAMA MUSEUM of ART

公開制作期間 2007.8.17 (FRI) ~ 12.25 (TUE) 10:00~18:00 / (展示)2007.12.18 (TUE) ~ 12.25 (TUE) 10:00~18:00

横浜美術館

AIMY+NAP ブログ http://www.yaf.or.jp/yma/exhibition/2006/artgallery/01_AIM/blog/

Heart to Art

展覧会フライヤー　Exhibition Flier

横浜美術館［美術館］
Yokohama Museum of Art［Museum］
AD, D, SB：サーモメーター　SURMOMETER inc.
I：淺井裕介　Yusuke ASAI

【typography】

Layout and expression of the printed page including type size, typeface and placement. In this book, the general term for work composed of handwriting typefaces, original characters and typographic characters etc.

【タイポグラフィー】
活字の大きさ・書体・配置など、印刷上の紙面構成や表現。本書では、手書き書体・創作文字・活版文字などで構成された作品を総称した。

Knit by Laforet

Knit by Laforet

Knit by La

ポスター　Poster
ラフォーレ原宿［商業施設］
Laforet [Commercial Facility]
AD, SB：長嶋りかこ　Rikako Nagashima
D：水溜友絵　Tomoe Mizutamari /
石橋絵里　Eri Ishibashi
P：藤田一浩　Kazuhiro Fujita
A：博報堂　Hakuhodo
HM：杉山彰啓　Akihiro Sugiyama
ST：山本マナ　Mana Yamamoto
Pr：星本和容　Kazuhiro Hoshimoto
DF：シロップ　Syrup

Knit by Laforet

ポスター Poster
ルミネ［商業施設］LUMINE CO., LTD. [Shopping Center]
CD, I：丸山 もゝ子 Momoko Maruyama AD：上岡真弓 Mayumi Ueoka D：松崎 賢 Suguru Matsuzaki
CW：尾形真理子 Mariko Ogata P：藤本伸吾 Shingo Fujimoto ST：飯嶋久美子 Kumiko Iijima
A：ジェイアール東日本企画 East Japan Marketing & Communications, Inc. / 博報堂 HAKUHODO INC.
DF：ツープラトン TWOPLATOON INC. SB：ルミネ LUMINE CO., LTD.

ショッピングバッグ　Shopping Bag
ラッシュジャパン［化粧品会社］LUSH JAPAN CO., Ltd.［Cosmetic Company］
AD, D, I：二口万弥　Maya Futakuchi
SB：ラッシュジャパン　LUSH JAPAN CO., Ltd.

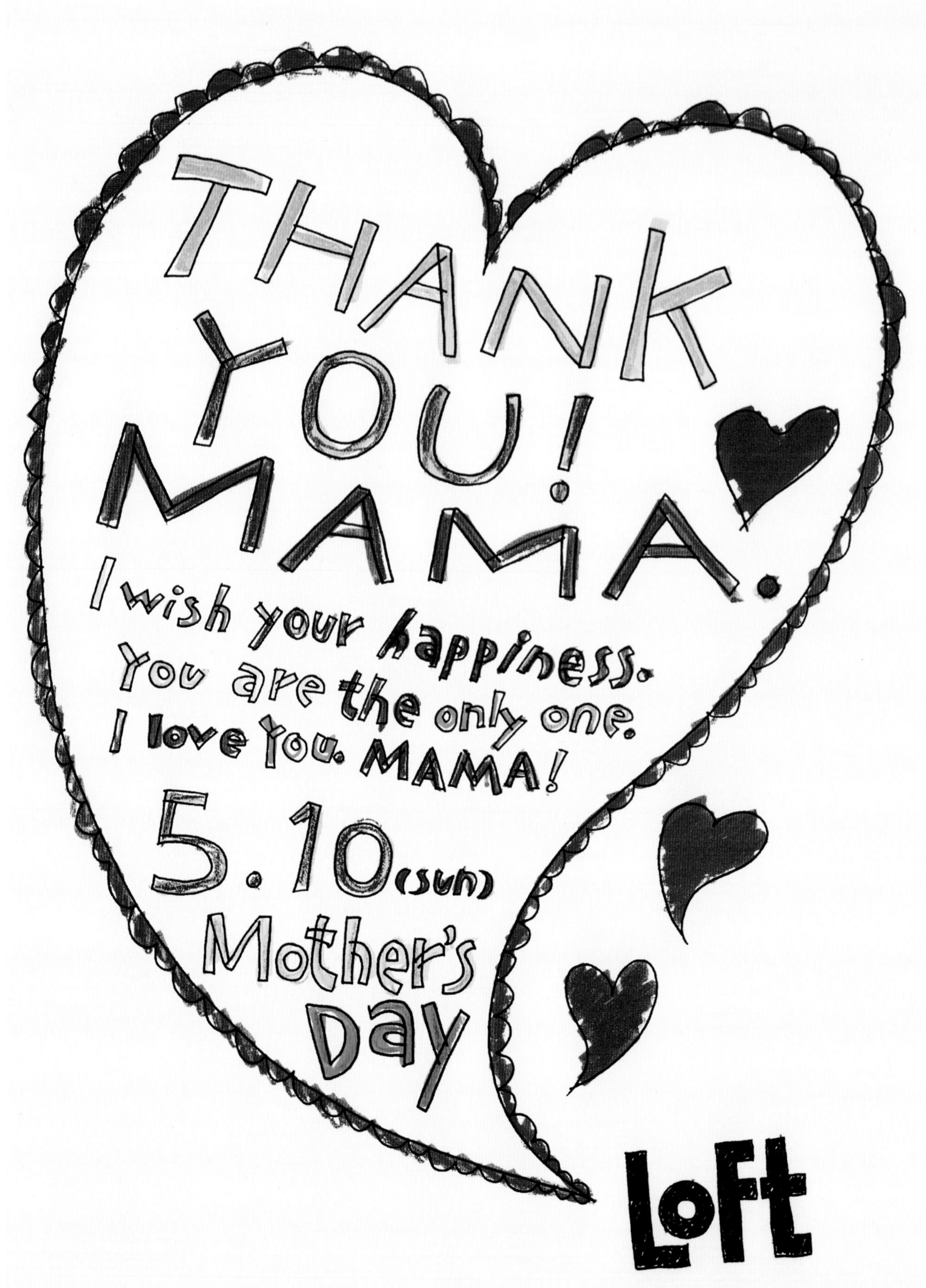
THANK YOU! MAMA.
I wish your happiness.
You are the only one.
I love You. MAMA!
5.10(sun)
Mother's Day
LoFt

プロモーションツール Promotion Tool
ロフト［商業施設］
THE LOFT CO., LTD.［Commercial Facility］
CD：佐藤可士和 Kashiwa Sato
AD：足立祐司 Yuji Adachi
D：古川ひろし Hiroshi Furukawa
CW：吉岡虎太郎 Kotaro Yoshioka
A：博報堂 Hakuhodo Inc.
SB：ロフト THE LOFT CO., LTD.

今日は別人みたいなんて　失礼しちゃうわ

何を着ても
かわいくない日も、
たまにはあるけど。

ボード　Board
ルミネ［商業施設］LUMINE CO., LTD. [Shopping Center]
D：上岡真弓　Mayumi Ueoka / 山口範久　Norihisa Yamaguchi　CW：尾形真理子　Mariko Ogata　P：蜷川実花　Mika Ninagawa
A：ジェイアール東日本企画　East Japan Marketing & Communications, Inc. / 博報堂　HAKUHODO INC.
DF：ツープラトン　TWOPLATOON INC.　SB：ルミネ　LUMINE CO., LTD.

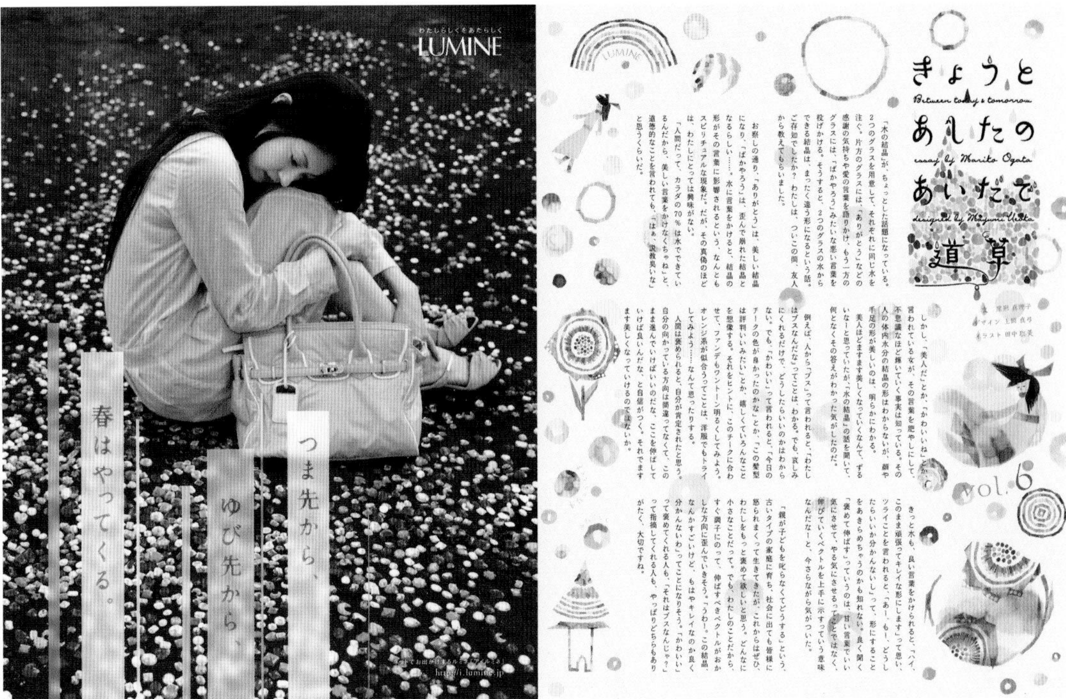

雑誌 Magazine Advertising

ルミネ［商業施設］LUMINE CO., LTD. [Shopping Center]

AD：上岡真弓 Mayumi Ueoka　D：山口範久 Norihisa Yamaguchi　I：田中聡美（Vol.6）Satomi Tanaka（Vol.6）/ 御池丸桃草（Vol.8）Momokusa Oikemaru（Vol.8）　CW：尾形真理子 Mariko Ogata　P：蜷川実花 Mika Ninagawa
A：ジェイアール東日本企画 East Japan Marketing & Communications, Inc. / 博報堂 HAKUHODO INC.
DF：ツープラトン TWOPLATOON INC.　SB：ルミネ LUMINE CO., LTD.

わたしらしくをあたらしく
LUMINE
ようこそルミネクオリティバーゲン
1/2(金)〜1/6(火) 新宿店 ルミネエスト新宿店
1/3(土)〜1/7(水) 大宮店・北千住店・立川店・横浜店 町田店・荻窪店 大船ルミネウィング

ポスター Poster

ルミネ［商業施設］ LUMINE CO., LTD. [Shopping Center]

AD：丸山 もゝ子 Momoko Maruyama D, I：松崎 賢 Suguru Matsuzaki CW：尾形真理子 Mariko Ogata

A：ジェイアール東日本企画 East Japan Marketing & Communications, Inc. / 博報堂 HAKUHODO INC.

DF：ツープラトン TWOPLATOON INC. SB：ルミネ LUMINE CO., LTD.

わたしらしくをあたらしく
LUMINE
LASTOFF
7.4 wed ~ 7.22 sun
ルミネ ラストオフ

LUMINE
QUALITY
BARGAIN
6.29 ~ 7.3
ルミネ クオリティバーゲン

LUMINE
LASTOFF
7.4 wed ~ 7.22 sun
ルミネ ラストオフ

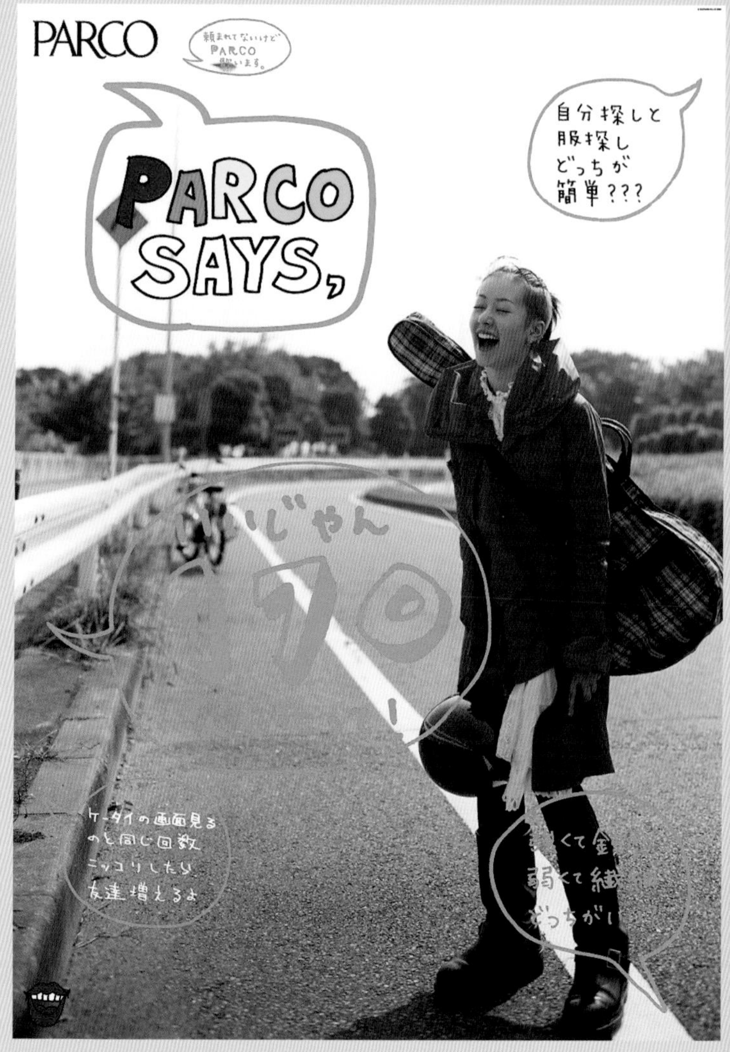

ポスター Poster

パルコ［商業施設］PARCO CO., LTD. [Commercial Facility]
CD, CW：箭内道彦（風とロック） Michihiko Yanai (KAZETOROCK INC.)
AD：辻川幸一郎 Koichiro Tsujikawa CW：山本佳宏 Yoshihiro Yamamoto
P：重森豊太郎 Toyotaro Shigemori A, Production：パルコ PARCO / 東北新社 TOHOKUSHINSHA FILM CORPORATION
A, SB, Production：風とロック KAZETOROCK INC. DF：渡辺博和（カニプロス） Hirokazu Watanabe (kanipros)
Campaign Logo Design：リリー・フランキー Lily Franky

五年前
悩んだ事って覚えてる?
・・・そんなもんだよ
悩みって。
ケンカ
してみよう!
仲直り
できるよ!
ウロウロ
探すの
つかれたでしょ
PARCO
SAYS,
PARCO

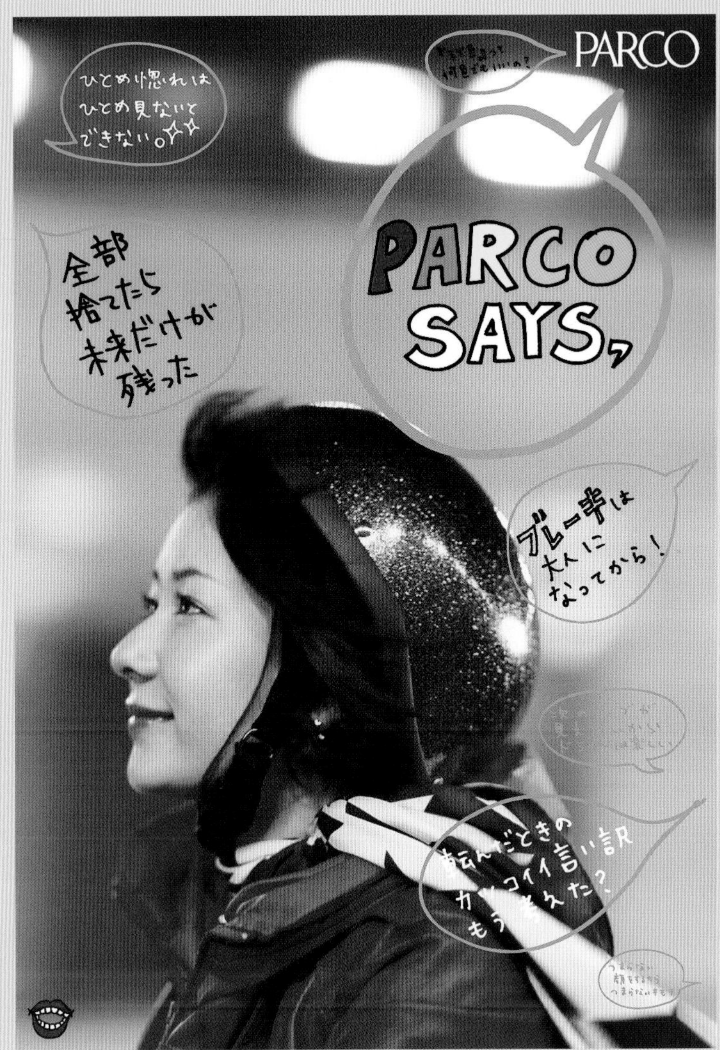
PARCO
ひとめ惚れは
ひとめ見ないと
できない。
全部
捨てたら
未来だけが
残った
PARCO
SAYS,
ブレーキは
大人に
なってから!
転んだときの
カッコイイ言い訳
もう考えた?

オープン告知広告
Open Notification Advertisement
東急ハンズ［商業施設］
TOKYU HANDS [Commercial Establishment]
CD, CW：中村猪佐武 Isamu Nakamura
AD：布目幹人 Mikito Nunome
D：川島未緒 Mio Kawashima
Account Executive：福島美穂 Miho Fukushima
Artist：マエダサチコ Sachiko Maeda /
カズモトトモミ Tomomi Kazumoto /
吉田ユニ Yuni Yoshida /
女子美術大学、日本大学芸術学部のみなさん
Students of Joshibi University of Art and Design,
Students of Nihon University Colledge of Art
P：宇禄拓哉 Takuya Uroku /
西村 恵 Satoshi Nishimura
Pr：高橋浩一郎 Koichiro Takahashi
A, SB：マッキャンエリクソン
McCann Erickson Japan Inc.
DF：青山クリエイティブスタジオ
Aoyama Creative Studio Inc.

下のカットは、左の、キャンドルで作られたロゴに火を灯した様子。
The lower cut shows the logo on the left made from a candle lit.

クリエイターによって制作された東急ハンズのロゴは全57点。新店舗オープニングの企画として、作品をショッピングバッグやポスター、TVCMに使用した。

A total of 57 Tokyu Hands logos were produced by designers. The designs was used on shopping bags, posters and TV adverts as part of the opening of the new store.

ONE PUSH OPEN™!
Button hitotu de paka tto open! Kono kantansa ga, ureshii.
Mondai! Natu to ieba nandesyo? "koi no Kisetu"?... Oshii! Kesshite machigatte wa imasenga, Koko deno seikai wa, "BOUSUI ONE-seg" no kisetsu! Naze nara, kore wa SoftBank no BOUSUI ONE-seg "Tropical" no koukoku dakara desu. Roma-ji datake no tame, Yaya yomu noni kurou suru kamo
SoftBank
Tropical
823P
Totsuzen, Ame ni furaretemo heiki kasa motte nakutemo heiki
shiremasen ga, "Wakai uchi no kurou wa katte demo shiro" to iu ja naidesuka, Ne?
VIEW BLIND®
Kore wa uresii! One touch de kidou suru "Nozoki-mi boushi" kinou. Tanin no shisen wo kini suru koto naku jibun no sekai ni haitikome masu. Privacy ni binkan na geinoujin no kata, sorekara mochiron, anatanimo osusume!
Tousya no chousa ni yoreba, Josei ga Keitai ni motomeru kinou no Dai 1 i wa "BOUSUI". "Tropical" wa, Seikatsu bousui taiou (IPX5 & IPX7※ soutou) dakara, Moshi mizu ni nurete shimattemo anshin! Mitame ga colorful de kawaii dake katoomottara, shikkari BOUSUI ONE-seg. Keitai wa iyoiyo "BOUSUI" no jidai he, tte koto?
WATERPROOF
ONE -seg
Soboku na gimon. Kono roma-ji no bubun made zenbu yonde kureru hito ha, Nihon ni nannin irun darou?
Pool de mizu wo Basya Basya yaru no, yappari kimochi ii janai desuka. Mizu kakatte mo anshin na "Tropical" nara, Poolside de Tropical drink katate ni ONE-seg mitari Mail mitari.....ga yaritai houdai! Mochiron Tropical drink katate janakutemo ii desu kedo. Sore wa tomokaku!
Kougashitsu gijyutu "Mobile PEAKS processor™" tousai de ONE-seg ga hitokiwa kitei ni tanoshime masu. "Ekisyo AI" kinou tousai de gamen ga kukkiri, to iu nomo "uri" desu.
POOL DE ONE-seg!
WAVE TILE KEY
Nagai nai demo oshi yasui "Wave tile key"
Josei no bathtime wa igai to Keitai time. Dakara koso, Bousui no deban. ONE-seg mitari, Mail shitari, Denwa shitari. Ippanteki ni Josei no hou ga nyuyoku jikan ga nagai to iwarete imasu ga, "Tropical" wo te ni shita josei no nyuyoku jikan wa sarani nagaku nacchau youna ki mo. Nobosenai you ni gochui!
BATHROOM DE ONE-seg!
ONE-seg antenna naizou. Toumei-kan no aru simple form. Nameraka na design dakara mochiyasui! Tsukaiyasui!
Koredake hadami hanasazu motsumono ga, Imamade bousui ja nakatta koto jitai okasii! .....to omoimasen?
Bousui ONE-seg no naka demo koredake no daigamen wa kanari sugoi kamo. Gamen mo kirei de miyasui shi, Hikaeme ni itte mo, iu koto nashi desu.
Tropical SoftBank 823P
防水ワンセグ
5COLORS MAPLE BROWN / PURE WHITE / OCEAN BLUE / CHERRY PINK / LIME GREEN
大画面3インチ フルワイドQVGA
覗き見防止機能
ワンプッシュオープン™
3inch FULL WIDE QVGA
※防水レベルIPX5対応：約3mの距離から内径6.3mmのノズルで約12.5l/分の常温の水道水を3分以上かけても使用可能。防水レベルIPX7対応：水深1m以内の真水・常温・静水に30分放置しても使用可能。
「ワンプッシュオープン」「PEAKSプロセッサー」「ビューブラインド」は松下電器産業株式会社の商標または登録商標です。
マナーも一緒に携帯しましょう。
有害サイトから子供を守る！アクセス制限サービス「ウェブ利用制限」を提供しております。
モバイル・リサイクル・ネットワーク 携帯電話・PHSのリサイクルにご協力を。
アンケートに答えて壁紙をGetしよう！詳しくはこちらからアクセスして下さい。
QRコードは株式会社デンソーウェーブの登録商標です。
お問い合わせ：ソフトバンク携帯電話から局番なし157(無料)／一般電話から 0088-21-2000(無料)／ホームページ www.softbank.jp ソフトバンクモバイル株式会社

商品広告 Product Advertisement
ソフトバンク［通信サービス］ SoftBank [Communication Service]
CD：佐々木 宏 Hiroshi Sasaki AD：三近 淳 Atsushi Sanchika
D：本多修三 Shuzo Honda CW：照井晶博 Akihiro Terui
P：白鳥真太郎 Shintaro Shiratori A：シンガタ Shingata Inc. /
風とバラッド KAZE TO BALLAD INC. A, SB：電通 DENTSU INC.
DF：ジェ・シー・スパーク J.C.SPARK INC.

商品広告 Product Advertisement
サントリー［飲料メーカー］ SUNTORY LIMITED [Beverage Production, Sales]
CD：加藤英夫 Hideo Kato CD, CW：中治信博 Nobuhiro Nakaji
AD：三近 淳 Atsushi Sanchika D：高野裕徳 Yasunori Takano
CW：門田 陽 Akira Kadota / 池田定博 Sadahiro Ikeda / 赤松隆一郎 Ryuichiro Akamatsu
P：田尾沙織 Saori Tao A, SB：電通 DENTSU INC.
DF：ワークアップたき WORK UP TAKI CORPORATION

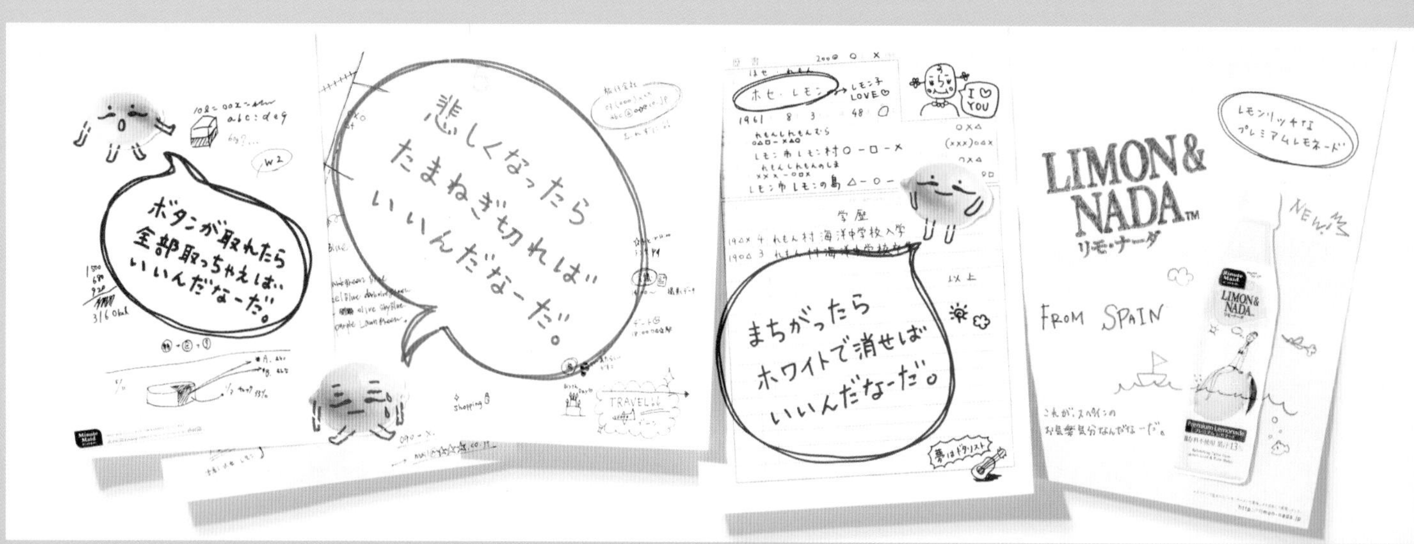

ポスター、パッケージ Poster, Package 日本コカ・コーラ［飲料メーカー］ Coca-Cola (Japan) Company, Limited [Beverage Manufacturer]

CD, CW：太田麻衣子 Maiko Oota AD：小栗卓巳 Takumi Oguri D：鈴木 学 Manabu Suzuki / 長川吾一 Goichi Nagakawa / 島田玲奈 Rena Shimada / 安里和幸 Kazuyuki Asato / 中原恵里香 Erika Nakahara CW：滝瀬玲子 Reiko Takise P：青野千紘 Chihiro Aono / 百々 新 Arata Dodo

A：博報堂 HAKUHODO. INC, 博報堂クリエイティブヴォックス HAKUHODO CREATIVE VOX. INC DF：アドソルト ADSALT SB：日本コカ・コーラ Coca-Cola (Japan) Company, Limited

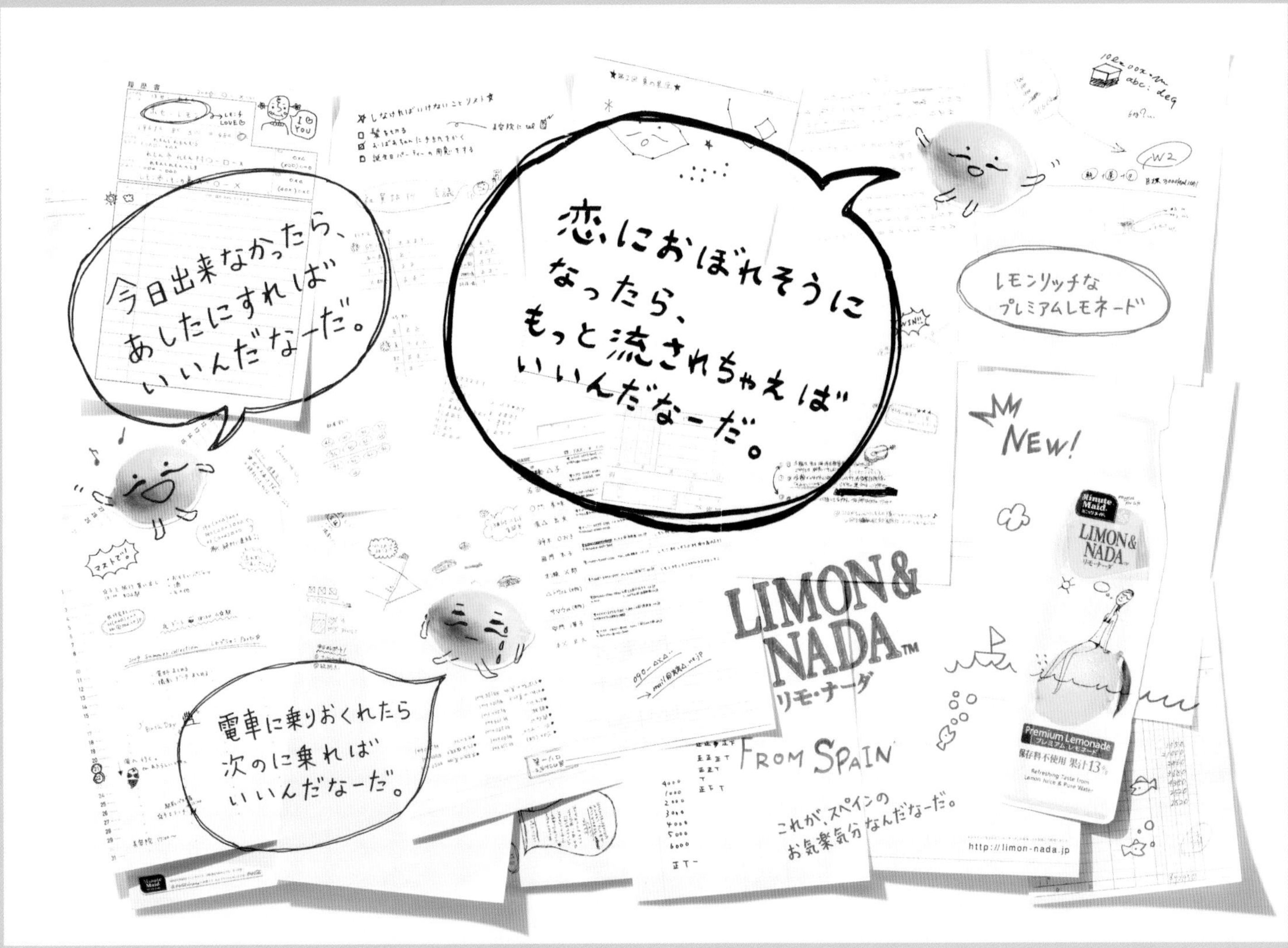

今日出来なかったら、
あしたにすれば
いいんだなーだ。

恋におぼれそうに
なったら、
もっと流されちゃえば
いいんだなーだ。

レモンリッチな
プレミアムレモネード

NEW!

LIMON&
NADA™
リモ・ナーダ

FROM SPAIN

これが、スペインの
お気楽気分なんだなーだ。

http://limon-nada.jp

電車に乗りおくれたら
次のに乗れば
いいんだなーだ。

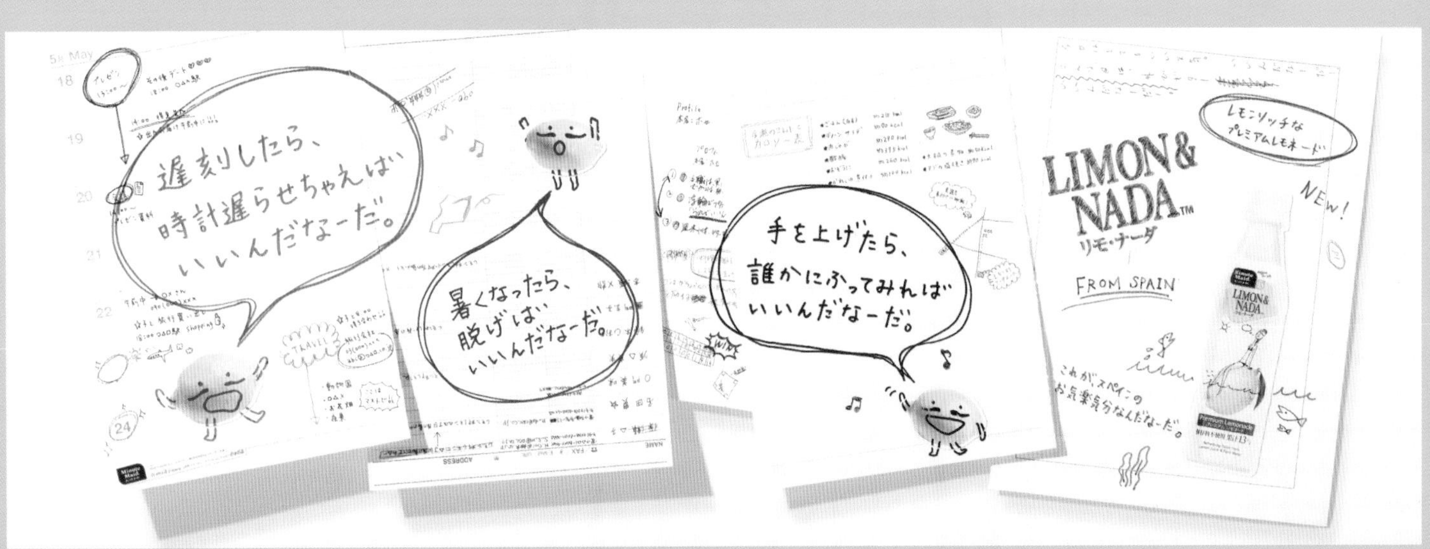

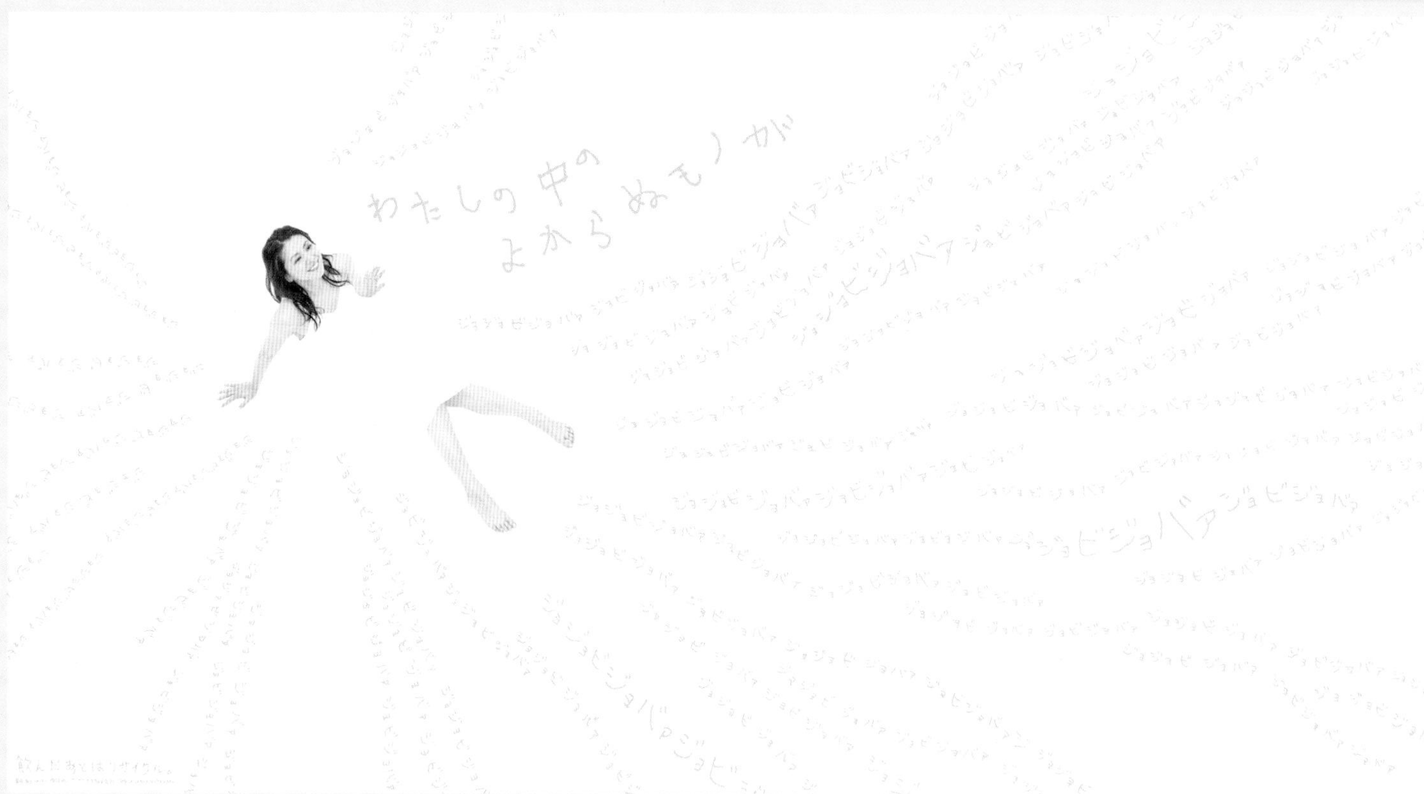

商品広告 Product Advertisement

サントリー［飲料メーカー］ SUNTORY LIMITED [Beverage Production, Sales]

CD：加藤英夫 Hideo Kato CD, CW：中治信博 Nobuhiro Nakaji AD：三近 淳 Atsushi Sanchika D：高野裕徳 Yasunori Takano CW：池田定博 Sadahiro Ikeda / 赤松隆一郎 Ryuichiro Akamatsu P：森本徹也 Tetsuya Morimoto A, SB：電通 DENTSU INC. DF：ワークアップたき WORK UP TAKI CORPORATION

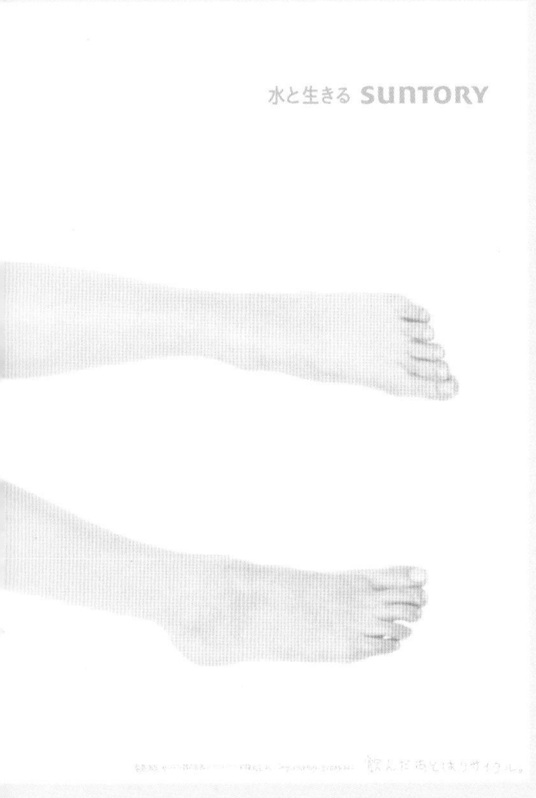

ポスター Poster

ラシック［商業施設］LACHIC［Commercial Facility］

CD：石田一郎 Ichiro Ishida AD：根岸明寛 Akitomo Negishi
D：清水夏樹 Natsuki Shimizu / 片野 亨 Toru Katano /
古川雅博 Masahiro Furukawa / 成瀬留美 Rumi Naruse
CW：佐藤大輔 Daisuke Sato / 山中康司 Yasushi Yamanaka
P：鈴木敦詞 Atsushi Suzuki A：電通中部支社 DENTSU INC. CHUBU
DF：たきC1 TAKI C1 SB：ラシック LACHIC

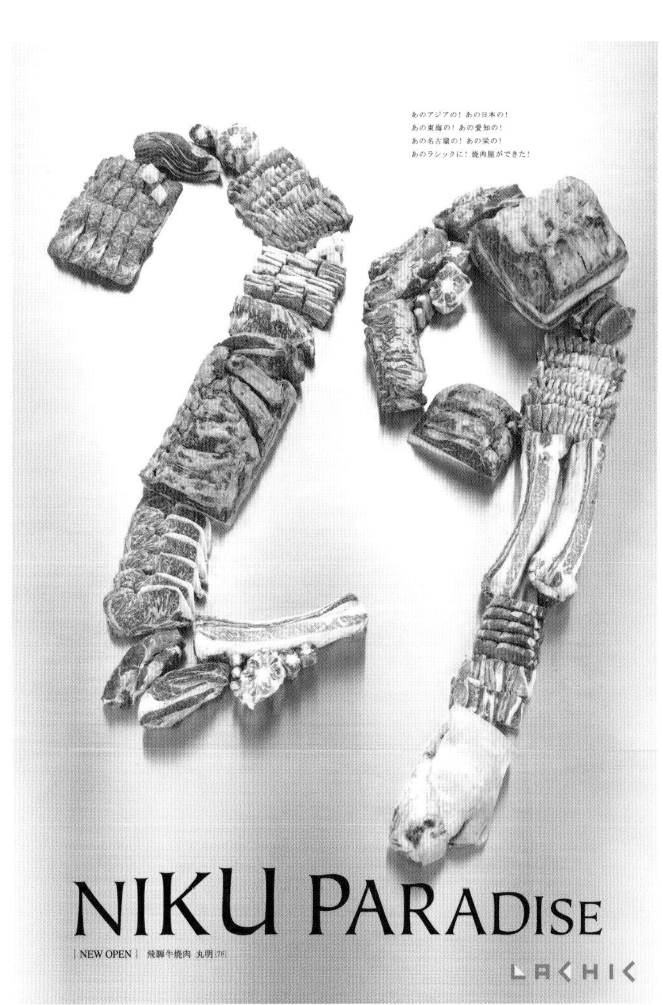

フリーペーパー Free Paper

アイシーエル［生活雑貨小売業］ICL Inc.［Life Miscellaneous Goods Retailing］

D：野元 陽 Yo Nomoto　CW：山村光春 Mitsuharu Yamamura / 松浦 祐 Yutaka Matsuura

P：新居明子 Akiko Arai　E：田中亜由美 Ayumi Tanaka　ST：室賀明美 Akemi Muroga

DF, SB：アイシーエル ICL Inc.

Your turtleneck's connected to your pink scarf
your pink scarf's connected to
your long Johns
your long johns're connected to
your Mittens

Fight tough winter static.

商品広告 Product Advertisement

P&G - Bounce [Consumer Goods]

CD : Heather Chambers, Israel Diaz AD : Anthony Chelvanathan I : Sun An
CW : Steve Persico P : Christopher Stevenson A, SB : Leo Burnett Canada Ltd.
Typographer : Hellobye Art Buyer : Leila Courey ST : Midori Fujiwara

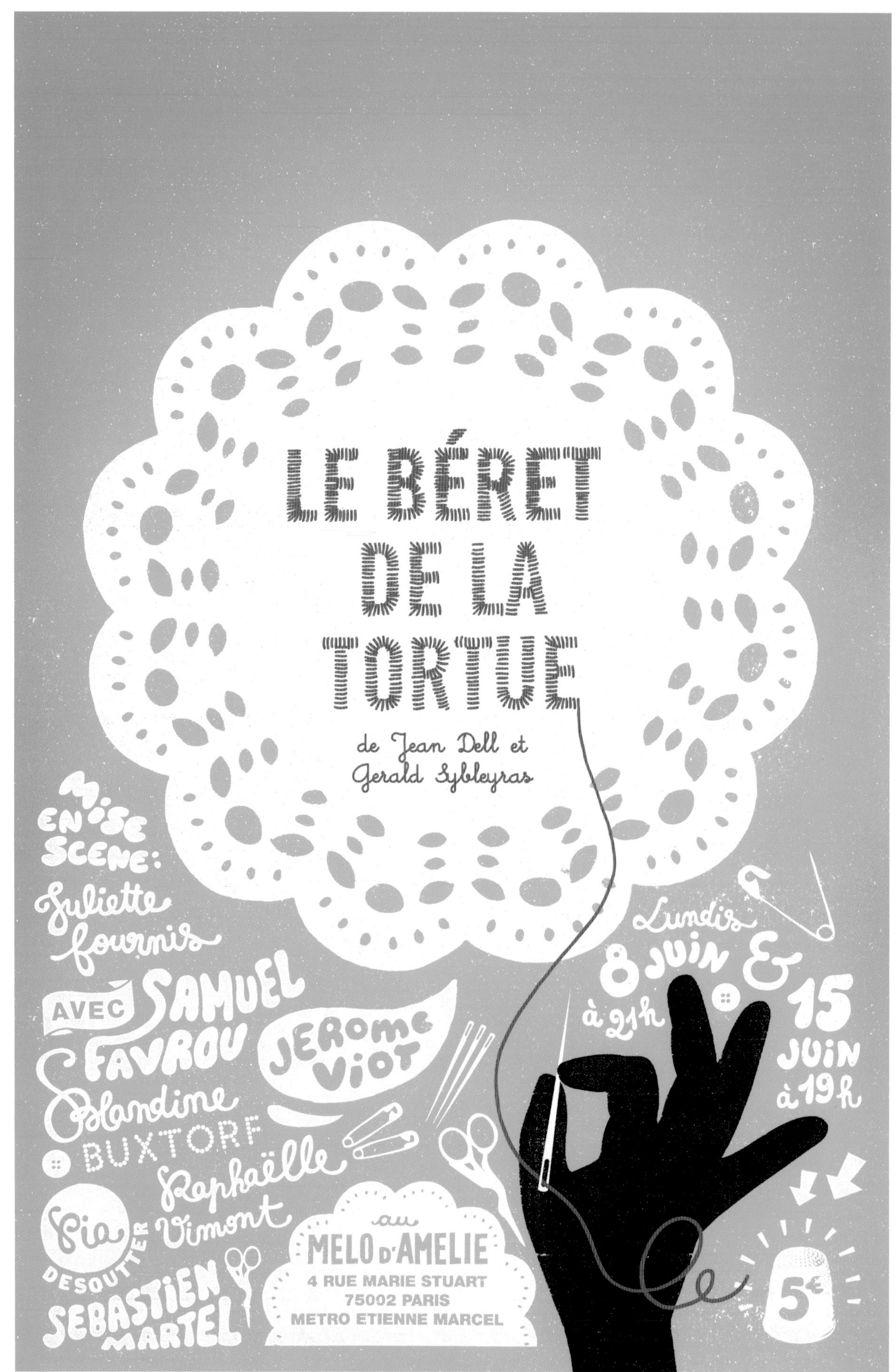
LE BÉRET DE LA TORTUE
de Jean Dell et
Gerald Sybleyras
MISE EN SCENE:
Juliette fournis
AVEC SAMUEL FAVROU
JEROME VIOT
Blandine BUXTORF
Raphaëlle Vimont
Pia DESOUTTER
SEBASTIEN MARTEL
Lundis 8 JUIN à 21h & 15 JUIN à 19h
au
MELO D'AMELIE
4 RUE MARIE STUART
75002 PARIS
METRO ETIENNE MARCEL
5€

ポスター Poster
Compagnie Juliette Fournis [Theater]
D : Raphaëlle Vimont DF, SB : Supercinq

展覧会ポスター Exhibition Poster
サチコ パッチワーク教室 [パッチワーク教室]
Sachiko Patch Work School [Patch Work School]
AD, D : 川本真也 Shinya Kawamoto
SB : 寺島デザイン制作室 terashima design co.

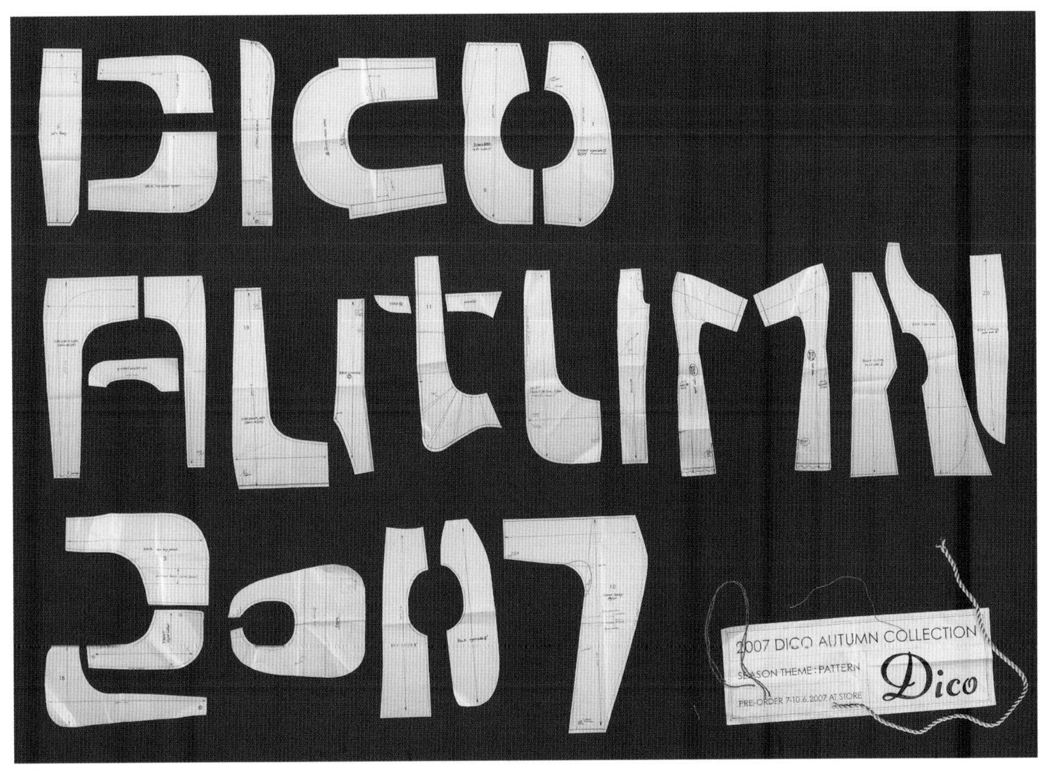

DM
ディコ [アパレル] Dico [Apparel]
AD, D, SB : 永松りょうこ Ryoko Nagamatsu
D : 内田雅之 Masayuki Uchida

案内状 Invitation Card
ペーベーイー［アパレル］ pbi [Apparel]
CD, AD：水野 学 Manabu Mizuno
D, P, DF, SB：グッドデザインカンパニー good design company

ノベルティメッセージカード Novelty Message Card
アマナ［広告制作会社］ amana［Advertising Production Company］
AD, SB：長嶋りかこ Rikako Nagashima D：水溜友絵 Tomoe Mizutamari / 石橋絵里 Eri Ishibashi
A：博報堂 Hakuhodo DF：シロップ Syrup Pr：星本和容 Kazuhiro Hoshimoto

A (nd)
NOT
HER
EDIT (,)
I (turn)
ON
2007
S
Another Edition

シーズンポスター Poster
ユナイテッドアローズ［アパレル］
UNITED ARROWS LTD.［Apparel］
CD：森 由美 Yumi Mori
AD, D：ナミエミツヲ Mitsuo Namie
P：端 裕人 Hiroto Hata
A：インファス パブリケーションズ
INFAS PUBLICATIONS,INC.
DF, SB：スカイ ビジュアル ワークス
sky visual works

HARAJUKU PERFORMANCE + SPECIAL フライヤー
HARAJUKU PERFORMANCE + SPECIAL Flier

ラフォーレ原宿［商業施設］LAFORET［Commercial Facility］

AD, D：松本弦人 Gento Matsumoto　A：ラップネット Lapnet inc.

SB：サルブルネイ SB　Pr：小沢康夫 Yasuo Ozawa

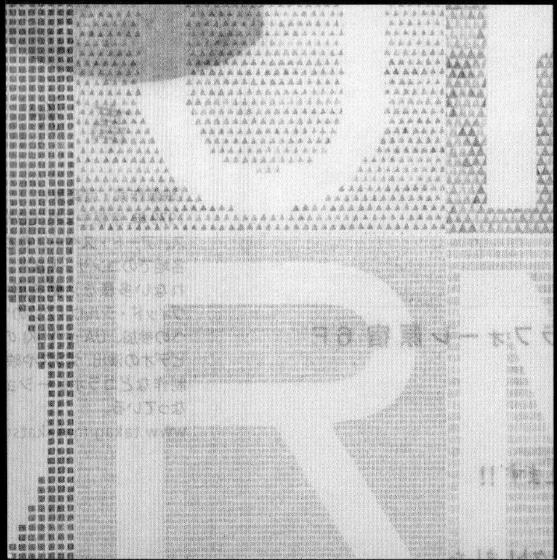

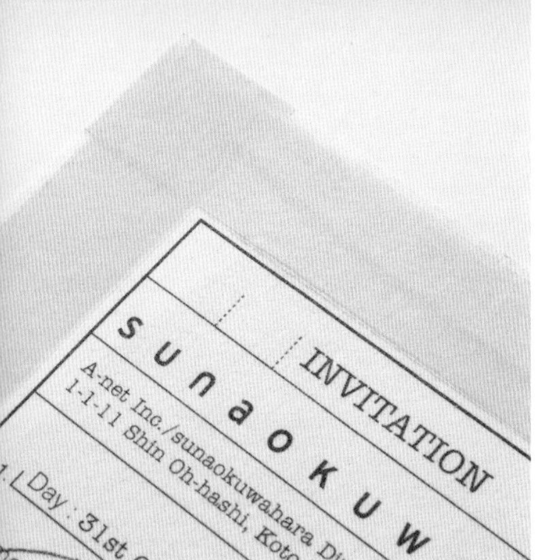

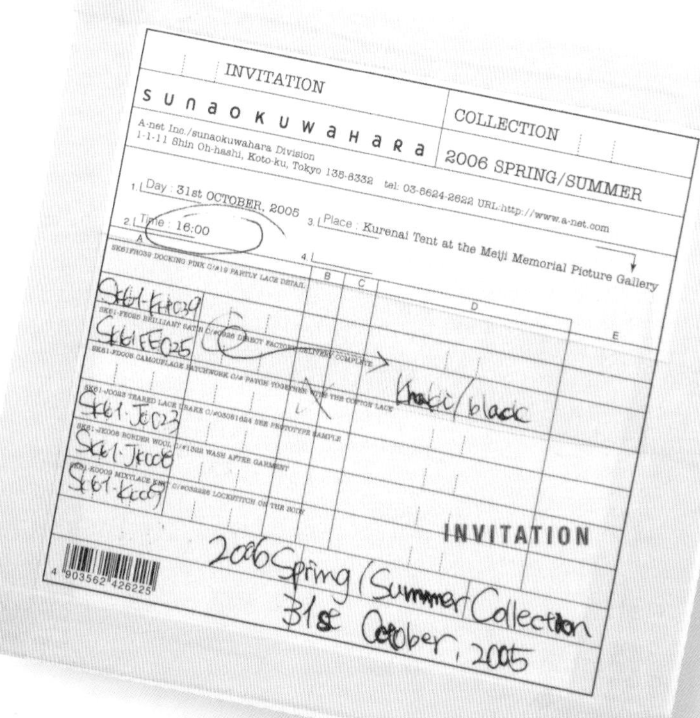

シーズンカタログ **Season Catalog**
エイ・ネット［アパレル］ A-net [Apparel]
AD：山口アツシ Atsushi Yamaguchi
DF, SB：スーパーミー Super me inc.

シーズン DM **Seasonal DM**
ジュン［アパレル］ JUN Co., Ltd. [Apparel]
AD, SB：浜田武士 Takeshi Hamada

phtographer issue
FREE
bootcamp
magazine N.01
bootcamp
magazine N.01
phtographer issue
JFKK
Kenny
Keisuke Nagoshi
KABO
Takuro Usui
bootcamp
magazine N.01
phtographer issue

フリーマガジン　Free Magazine
ベース・コントロール［アパレル］ BASE CONTROL［Aparrel］
CD, AD：溝口基樹　Motoki Mizoguchi　SB：モー・デザイン　mo'design inc

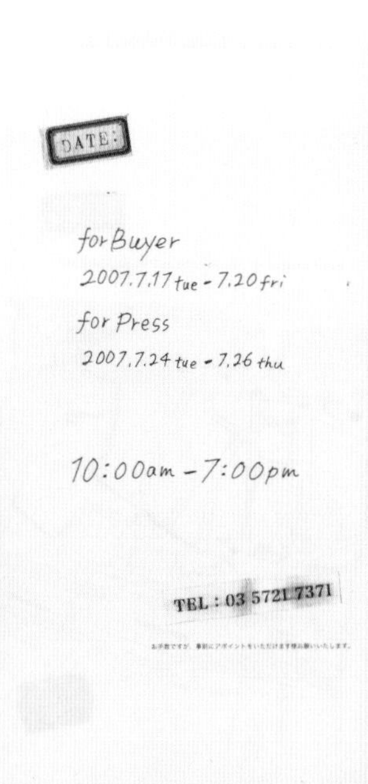

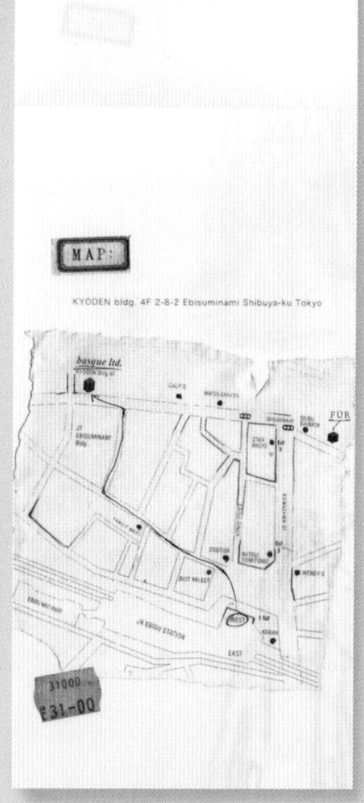

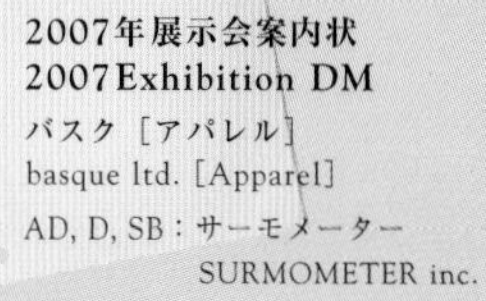

2007年展示会案内状
2007Exhibition DM
バスク［アパレル］
basque ltd.［Apparel］
AD, D, SB：サーモメーター
SURMOMETER inc.

音楽イベントポスター　Music Event Poster
ジェルス［音楽事業］JELS［Music Business］
AD, D：鈴木大輔　Daisuke Suzuki
DF, SB：ソウルデザイン　SOUL DESIGN Ltd.

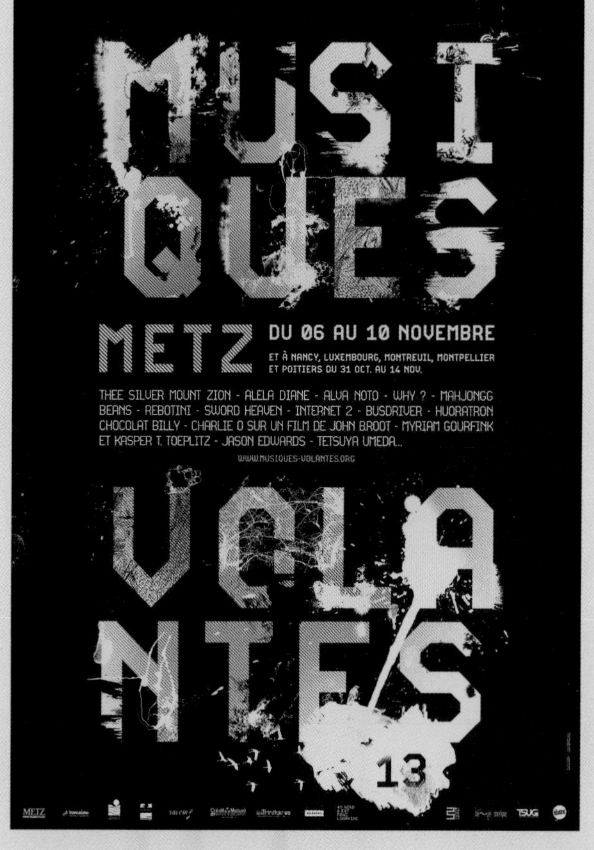

ポスター　Poster
Musiques Volantes festival［Music Festival Management］
D：Dorian Bonny　DF, SB：Supercinq

ヤング、アグレッシヴ

THE YOUNG, AGGRESSIVE

МОЛОДЫЕ, АГРЕССИВНЫЕ

ヤング、アグレッシヴ
ロシア現代芸術における挑発的なスピリット
МОЛОДЫЕ, АГРЕССИВНЫЕ
Непослушный Тип Современного Искусства в России
THE YOUNG, AGGRESSIVE
Refractory Character of Contemporary Art in Russia

2008
5.8–5.24
THU SAT

ARTISTS
アレクサンドラ・ガルキナ／Alexandra Galkina
アレクセイ・ブルダコフ／Alexey Buldakov
ダヴィッド・テル＝オガニャン／David Ter-Oganyan
イーゴリ・ベズルーコフ／Igor' Bezrukov
ピョートル・ブィストロフ／Petr Bystrov
プロヴムィザ／Provmyza
ラデクソサエティ／Radek Society
ワレーリー・チタク／Valeriy Chtak
ウラジミール・クストフ／Vladimir Kustov
ホエア ドックス ラン／Where dogs run
イェヴゲニー・ユフィット／Yevgeniy Yufit

Musashino Art University Museum & Library

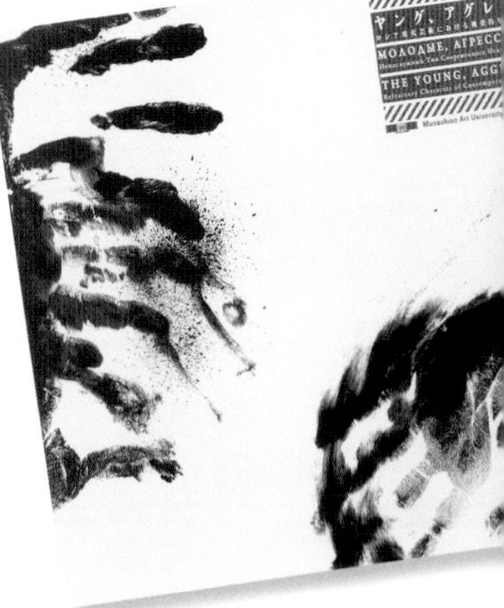

イベントポスター　Event Poster
武蔵野美術大学美術資料図書館［大学付属美術館］
Musashino Art University Museum & Library [University Museum & Library]
AD：加藤賢策　Kensaku Kato　D：内川たくや　Takuya Uchikawa
SB：東京ピストル　TOKYO PISTOL CO., LTD.

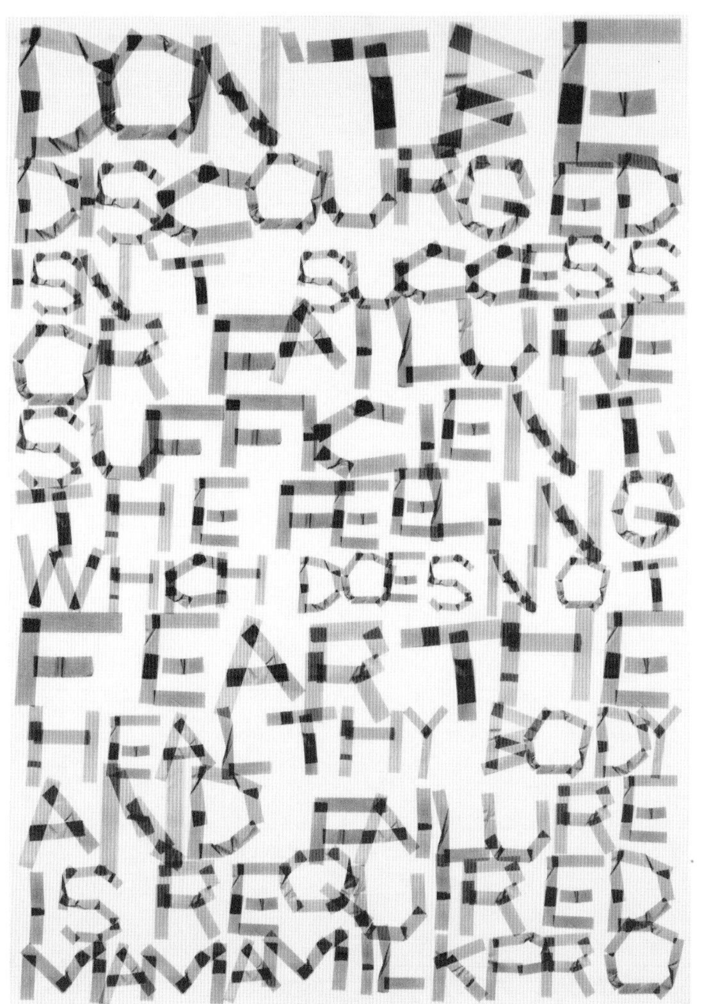

ポスター　Poster
ママミルクプロ［劇団］
MAMA-MILK.PRO［Theatrical Company］
AD, D, SB：小杉幸一　Koichi Kosugi

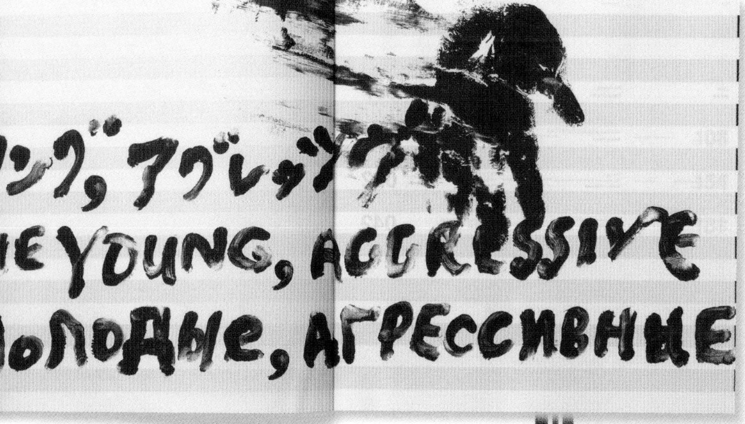

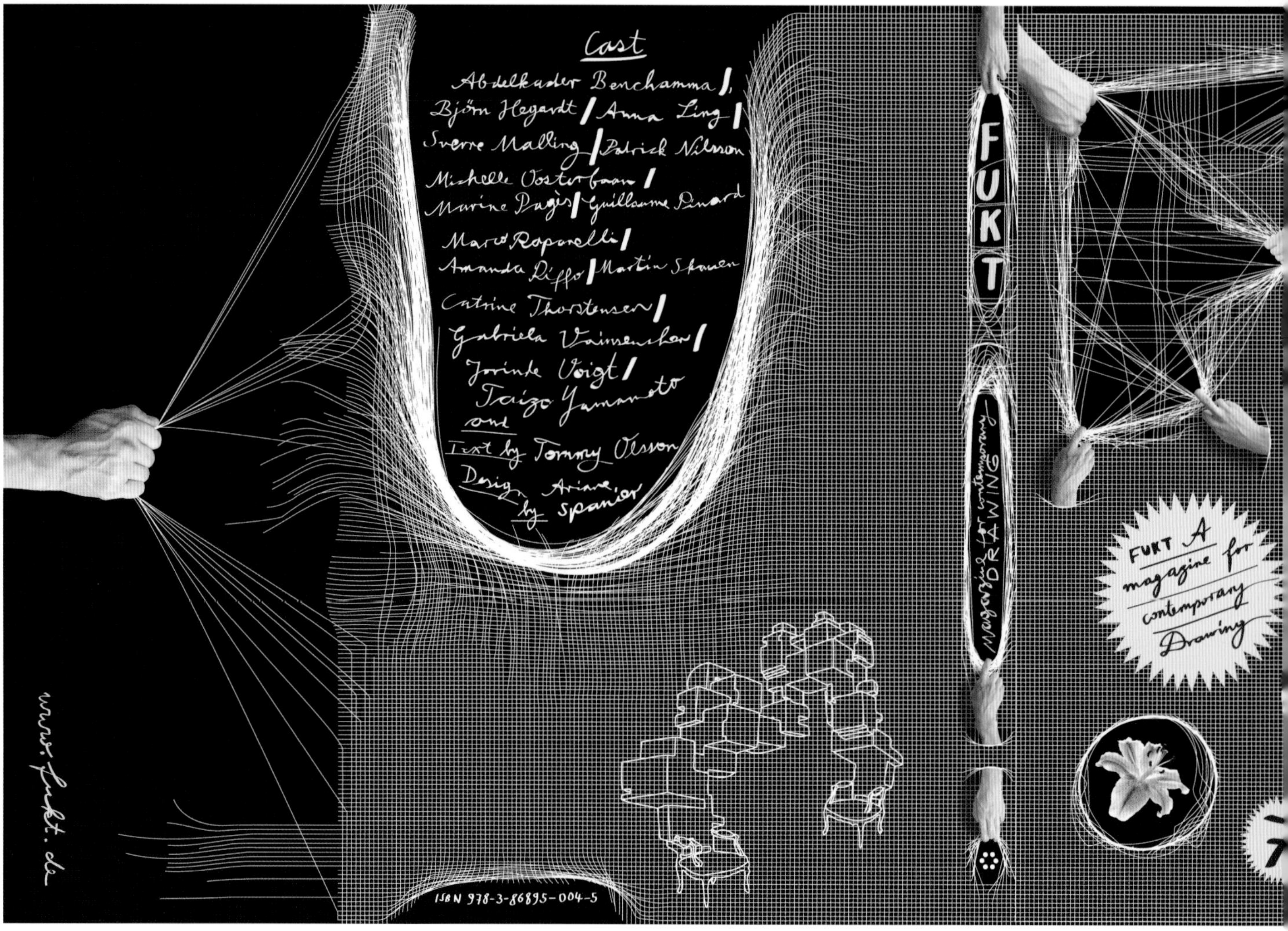

Cast
Abdelkader Benchamma / Björn Hegardt / Anna Ling / Sverre Malling / Patrick Nilsson / Michelle Oosterbaan / Marine Pagès / Guillaume Pinard / Marco Raparelli / Amanda Riffo / Martin Skauen / Catrine Thorstensen / Gabriela Vainsencher / Jorinde Voigt / Taizo Yamamoto
and
Text by Tommy Olsson
Design by Ariane Spanier

FUKT
Magazine for contemporary DRAWING

FUKT A magazine for contemporary Drawing

www.fukt.de

ISBN 978-3-86895-004-5

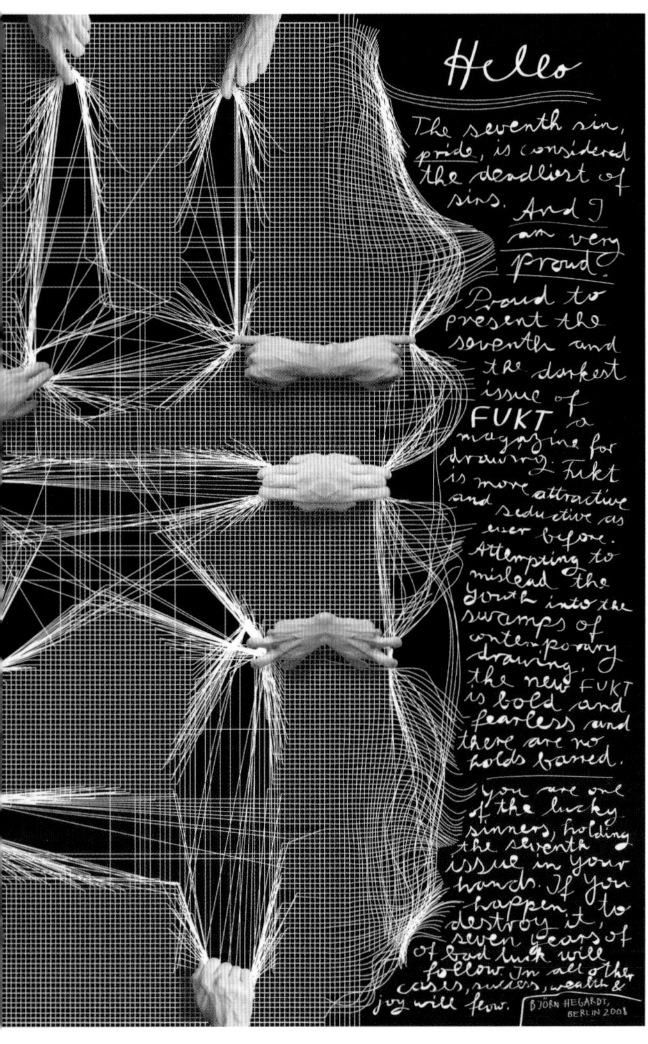

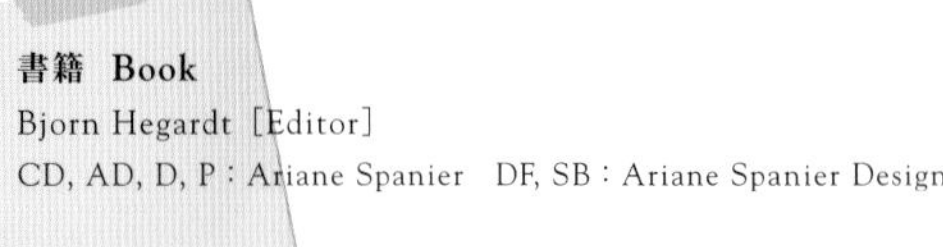

書籍 Book

Bjorn Hegardt [Editor]

CD, AD, D, P : Ariane Spanier　DF, SB : Ariane Spanier Design

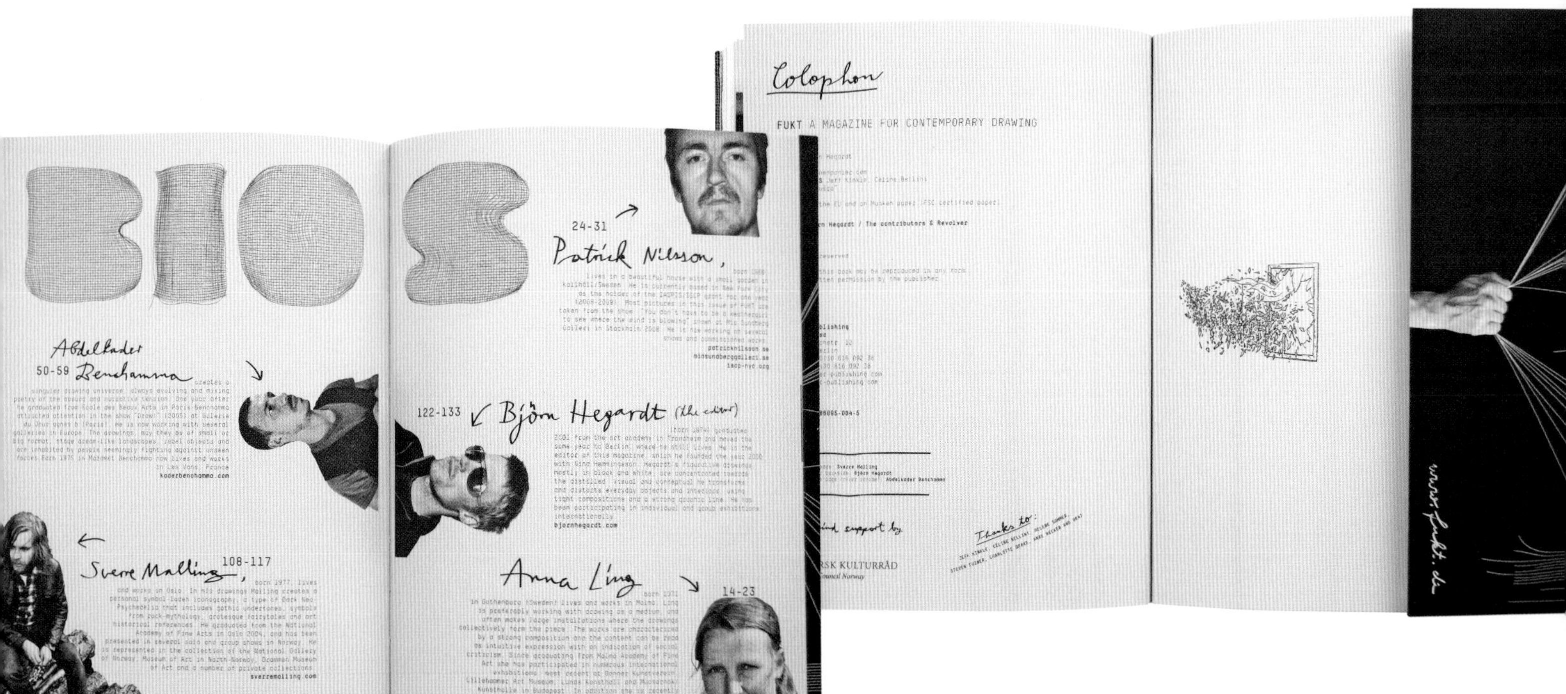

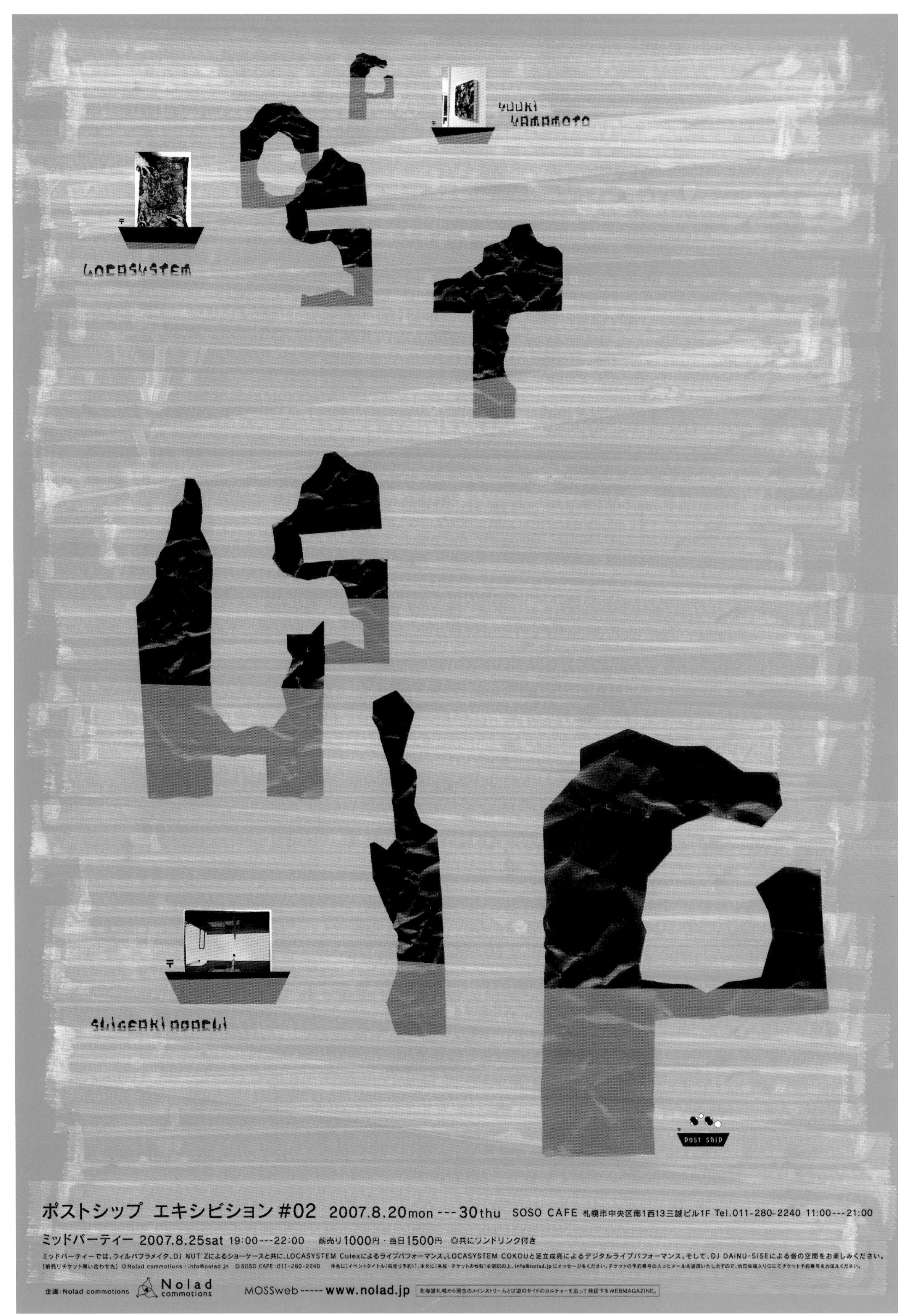
post ship
ポストシップ エキシビション #02 2007.8.20mon---30thu SOSO CAFE 札幌市中央区南1西13三誠ビル1F Tel.011-280-2240 11:00---21:00
ミッドパーティー 2007.8.25sat 19:00---22:00 前売り1000円・当日1500円 ◎共にワンドリンク付き
ミッドパーティーでは、ウィルパフラメイタ、DJ NUT'Zによるショーケースと共に、LOCASYSTEM Culexによるライブパフォーマンス。LOCASYSTEM COKOUと足立成亮によるデジタルライブパフォーマンス。そして、DJ DAiNU-SISEによる音の空間をお楽しみください。
企画:Nolad commotions
Nolad commotions
MOSSweb----- www.nolad.jp
北海道札幌から現在のメインストリームとは逆のサイドのカルチャーを追って発信するWEBMAGAZINE。

展覧会フライヤー　Exhibition Flier
横浜美術館［美術館］ Yokohama Museum of Art［Museum］
AD, D, SB：サーモメーター　SURMOMETER inc.

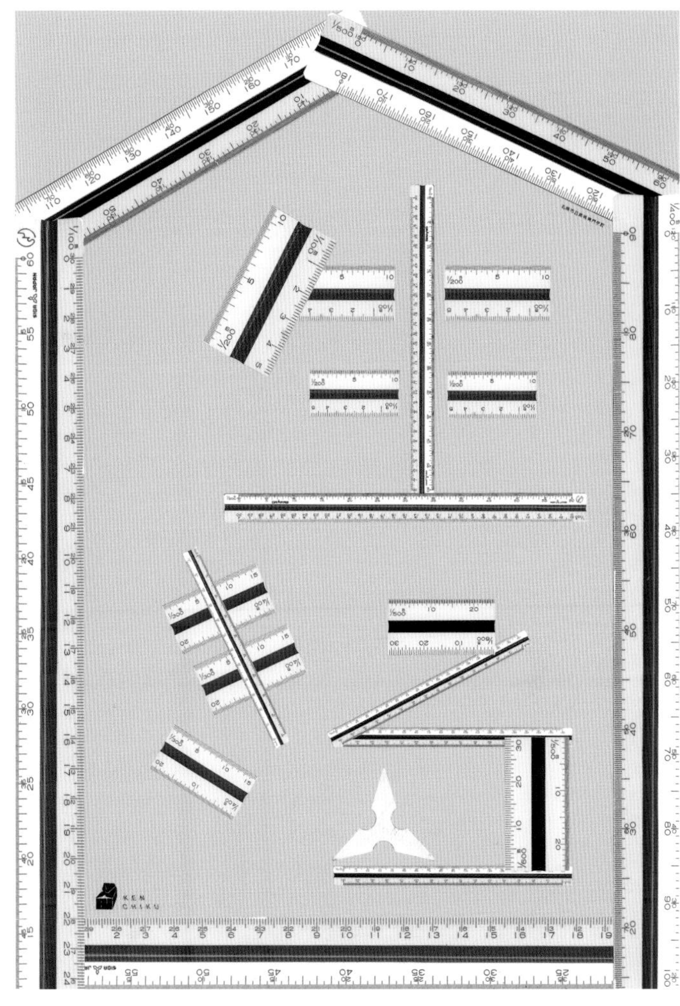

ポスター　Architecture Course Poster
札幌市立高等専門学校［高等専門学校］
Sapporo School of the Arts［Technical College］
CD, AD, D, SB：足立詩織　Shiori Adachi

ポスター、フライヤー　Poster, Flier
インプロバイド［イベント・展覧会などの企画・運営・プロデュース］
IMPROVIDE Co., Ltd
［Project, Management, Events and Exhibition Production］
CD, AD, D, SB：足立詩織　Shiori Adachi

1
雲のうえ
北九州市
雲のうえ
二
北九州市
3
雲のうえ
北九州市
北九州競艇
雲のうえ
7
8
雲のうえ
雲のうえ
北九州市
中老東大山笠

フリーペーパー Free paper

北九州市企画政策室にぎわいづくり企画課［地方自治団体］

City of Kitakyusyu project policy room bustle-making Planning Section［Home rule group］

AD：有山達也 Tatsuya Ariyama D：池田千草（2～8号）Chigusa Ikeda (vol.2～8) / 岩渕恵子（4～10号）Keiko Iwabuchi (vol.4～10) I：牧野伊三夫 Isao Makino
P：斎藤圭吾（1、5、7号）Keigo Saito (vol.1, 5, 7) / 長野陽一（2、9号）Youichi Nagano (vol.2, 9) / 久家靖秀（3、6、10号）Yasuhide Kuge (vol.3 ,6, 10) / 立花文穂（4号）Fumio Tachibana (vol.4) / 石川直樹（8号）Naoki Ishikawa (vol.8) SB：アリヤマデザインストア ariyamadesignstore

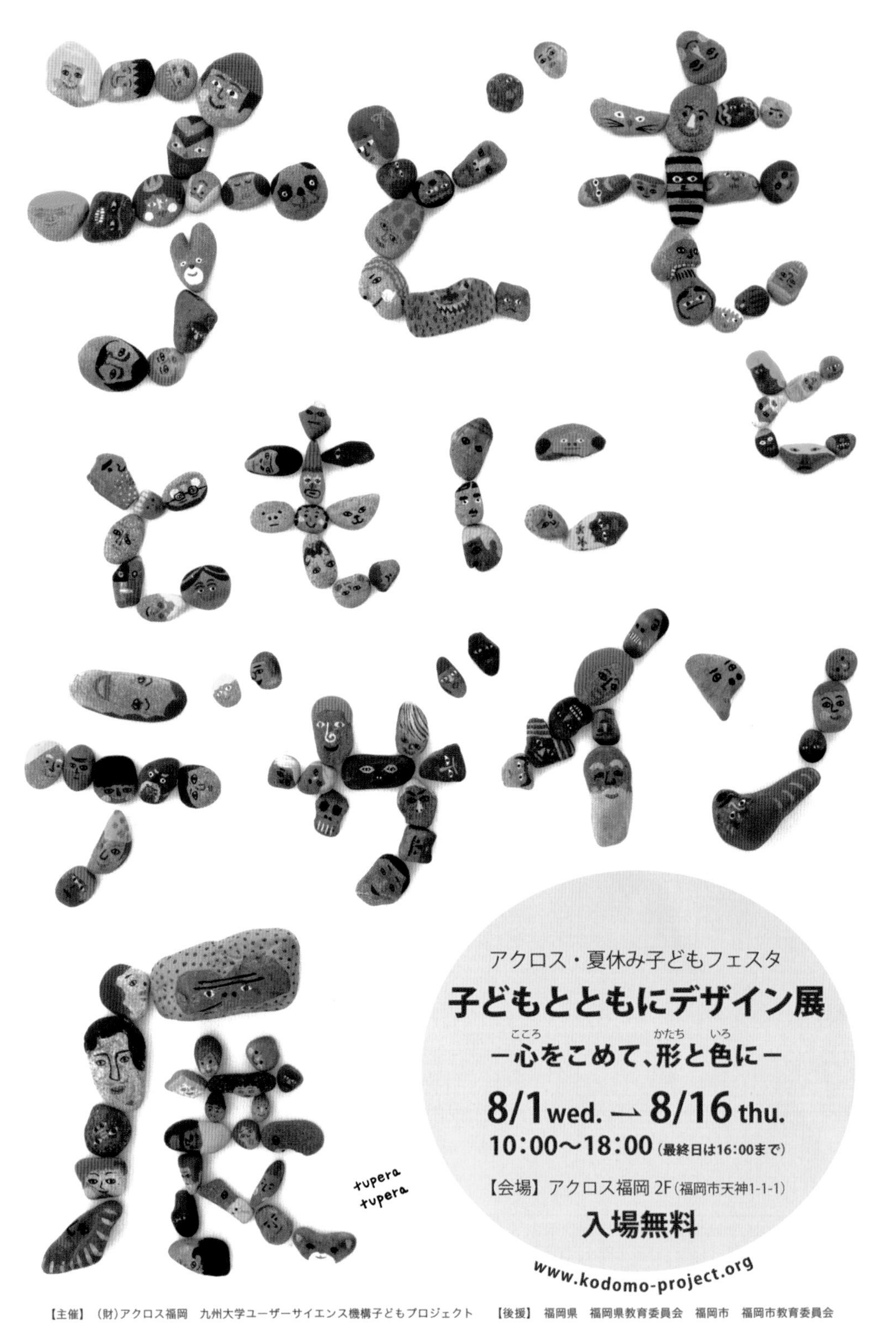

ポスター Poster
アクロス福岡［公民複合施設］ACROS Fukuoka［The Citizens Compound Facilities］
I, SB：ツペラツペラ tupera tupera　P：羽田貴之 Takayuki Hada

CD ジャケット CD Jacket
ポリスター［音楽・映像ソフトの企画・制作・発売・プロモーション］
Polystar. Co., Ltd.［Project, Production, Sale, Promotion of Music and Image Software］
AD, D, SB：コアグラフィックス Coa Graphics I：三角芳子 Yoshiko Misumi

CD ジャケット CD Jacket
コロムビアミュージックエンタテインメント
［音楽・映像ソフトの企画・制作・発売・プロモーション］
COLUMBIA MUSIC ENTERTAINMENT
［Project, Production, Sale, Promotion of Music and Image Software］
AD, D, SB：コアグラフィックス Coa Graphics

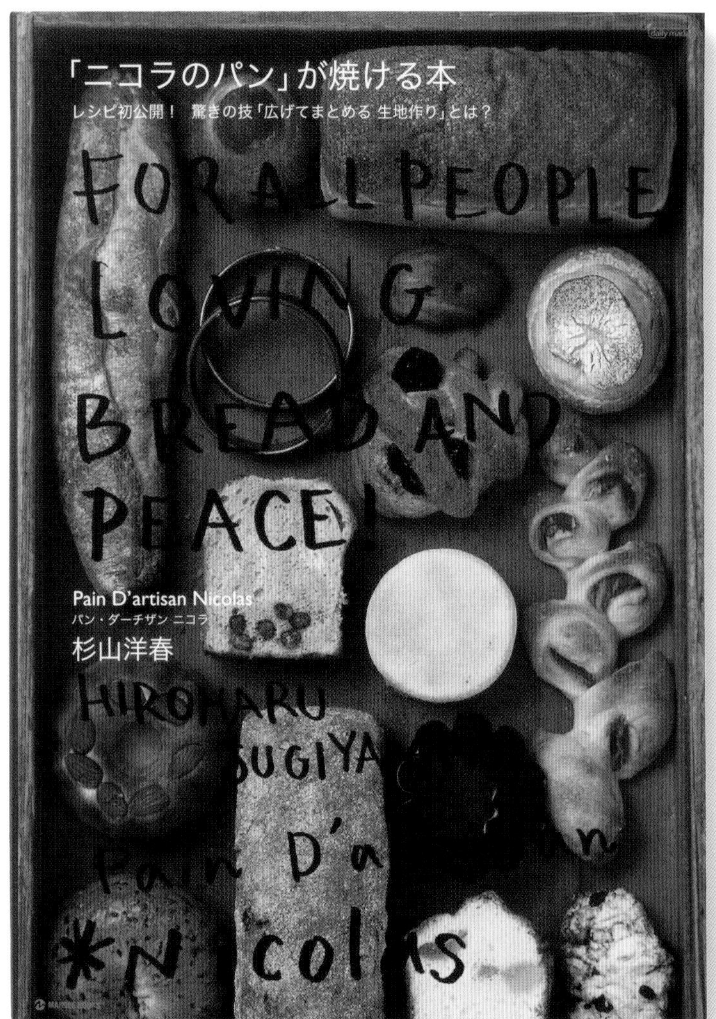

「ニコラのパン」が焼ける本
レシピ初公開！ 驚きの技「広げてまとめる 生地作り」とは？
FOR ALL PEOPLE LOVING BREAD AND PEACE!
Pain D'artisan Nicolas
パン・ダーチザン ニコラ
杉山洋春
HIROHARU SUGIYA
Pain D'a
*Nicolas

書籍 BOOK
マーブルトロン［出版社］ The Marbletron Inc. [Publisher]
AD：中嶋佐和子（penelope very graphics）
Sawako Nakajima（penelope very graphics）
I：杉山洋春 Hiroharu Sugiyama CW, E：本村範子 Noriko Motomura
P：岸本夏行 Natsuyuki Kishimoto SB：マーブルトロン The Marbletron Inc.

オーガニックなレシピノート
もっちりシフォン
さっくりクッキー
どっしりケーキ
なかしましほ
文化出版局

書籍 Book
文化出版局［出版社］
BUNKA PUBLISHING BUREAU［Publisher］
AD：葉田いづみ Izumi Hada
I：中島基文 Motofumi Nakashima
Author：なかしましほ Shiho Nakashima
SB：文化出版局 BUNKA PUBLISHING BUREAU

書籍 Book
メディアファクトリー［出版社］
MEDIA FACTORY,INC.［Publisher］
D, SB：名久井直子 Naoko Nakui
I：井出佳美 Yoshimi Ide
Author：瀧羽麻子 Asako Takiwa

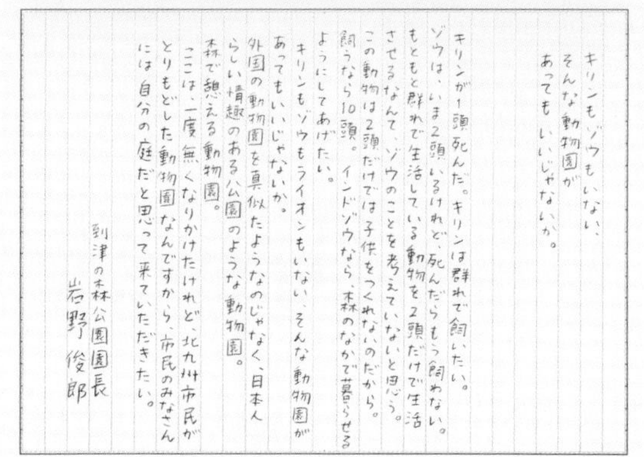

キリンもゾウもいない、
そんな動物園が
あってもいいじゃないか。
キリンが1頭死んだ。キリンは群れで飼いたい。
ゾウは、いま2頭いるけれど、死んだらもう飼わない。
もともと群れで生活している動物を2頭だけで生活
させるなんて、ゾウのことを考えていないと思う。
この動物は2頭だけでは子供をつくれないのだから。
飼うなら10頭。インドゾウなら、森のなかで暮らせる
ようにしてあげたい。
キリンもゾウもライオンもいない、そんな動物園が
あってもいいじゃないか。
外国の動物園を真似たようなのじゃなく、日本人
らしい情趣のある公園のような動物園。
森で憩える動物園。
ここは、一度無くなりかけたけれど、北九州市民が
とりもどした動物園なんですから、市民のみなさん
には自分の庭だと思って来ていただきたい。
到津の森公園園長
岩野俊郎
到津の森公園

「到津の森公園」を
テーマにした
絵、写真、映像作品を
募集します
第3回 北九州デジタルクリエーターコンテスト
KDCC

ポスター Poster
北九州デジタルクリエイターコンテスト実行委員会［クリエイター発掘コンペティション］ Kitakyushu Digital Creator Contest Executive Committee［Creator Excavation Competition］
CD, I：牧野伊三夫 Isao Makino AD：梶原道生 Michio Kajiwara D：平野由記 Yuki Hirano I：浅野舜葵 Mitsuki Asano CW：岩野俊郎 Toshiro Iwano DF, SB：カジグラ Kajigra

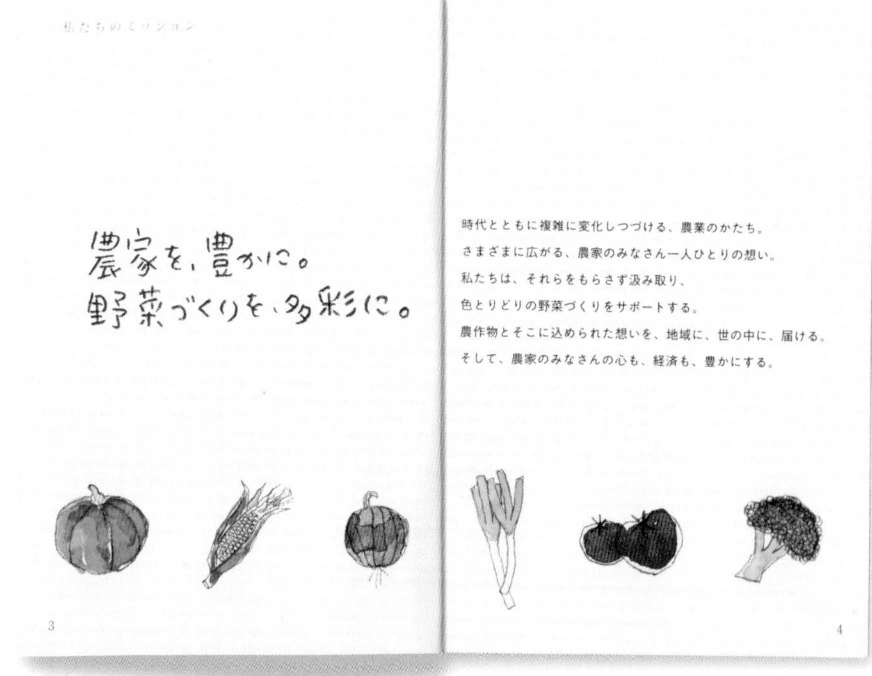

けやきのこころ
こいけやの大切にしたいこと・育成方針BOOK

農家を、豊かに。
野菜づくりを、多彩に。
時代とともに複雑に変化しつづける、農業のかたち。
さまざまに広がる、農家のみなさん一人ひとりの想い。
私たちは、それらをもらさず汲み取り、
色とりどりの野菜づくりをサポートする。
農作物とそこに込められた想いを、地域に、世の中に、届ける。
そして、農家のみなさんの心も、経済も、豊かにする。

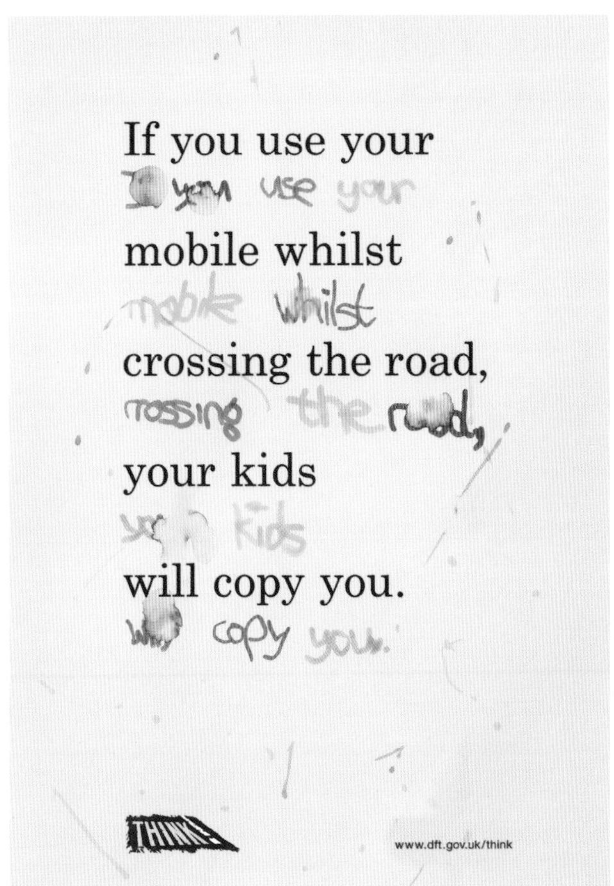

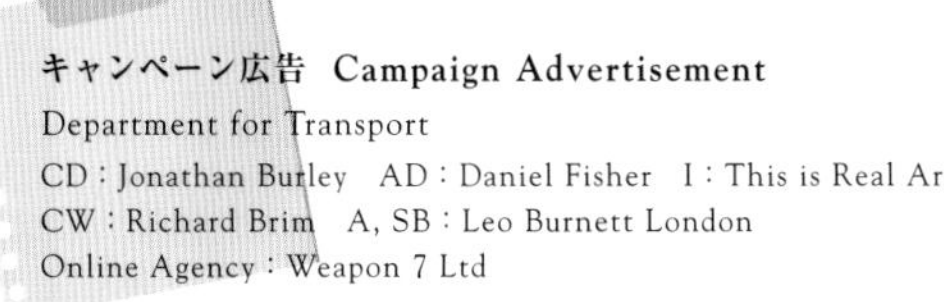

キャンペーン広告 Campaign Advertisement
Department for Transport
CD：Jonathan Burley　AD：Daniel Fisher　I：This is Real Art
CW：Richard Brim　A, SB：Leo Burnett London
Online Agency：Weapon 7 Ltd

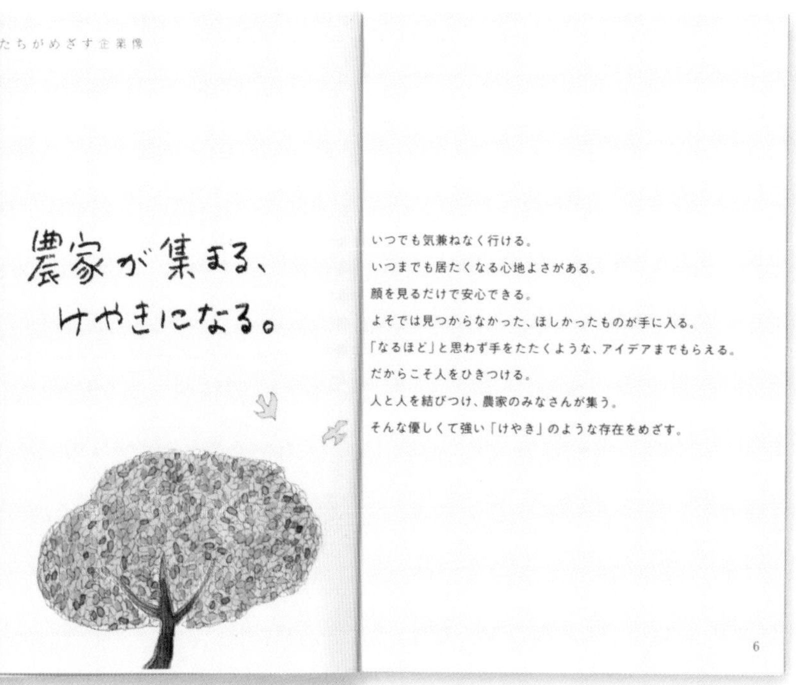

会社のビジョンブック Vision Book of Company
小池勝次郎商店［農業資材小売］
Koike Katsujiro Shop［Agricultural Materials Retailing］
CD, CW：内田直樹　Naoki Uchida　AD, D, I：中村香織　Kaori Nakamura
CW, Assistant-Dr：崎谷実穂　Miho Sakiya
DF, SB：ワイキューブ　Y-CUBE CORPORATION

いま、私が

いちばんお金を

預けたくない相手は、

国です。

納付履歴と

将来の受給額まで確認できる

「年金通帳」の適用で

安心の年金制度へ。

民主党

ポスター　Poster

民主党青年局［政党］DPJ Youth Division［Political Party］

CD：西岡史朗　Shiro Nishioka　AD：小野大作　Daisaku Ono　I：丹野陽子　Yoko Tanno　CW, SB：野澤幸司　Koji Nozawa

A：パラドックス・クリエイティブ　PARADOX CREATIVE　DF：らすたはうす GIFT　RASTA HOUSE GIFT

【illustration】

Commentary using pictures or diagrams.
In this book, the general term for work that effectively uses drawings and hand-drawn illustrations.

【イラストレーション】
挿絵。図解。絵・図などによる解説。
本書では、ドローイングや手描きのイラストが効果的に使われている作品を総称した。

直接、宛名シールと切手を貼り、顧客に送付している。
Address seals and stamps are affixed to the pieces, and they are sent as is to customers.

DM
とらやクリーニング［クリーニング店］ The Cleaners TORAYA [Cleaning Shop]
AD, D, I, CW：池澤 樹 Tatsuki Ikezawa
A, SB：東急エージェンシー Tokyu Agency Inc.

飾る日も
飾らない日も
三越と
MITSUKOSHI
www.mitsukoshi.co.jp

企業広告 Institutional Advertisement

三越［百貨店］MITSUKOSHI, LTD.［Department Store］

CD：坂井文枝 Fumie Sakai / 隅川 理 Osamu Sumikawa / 石川 勉 Tsutomu Ishikawa AD：帆足英里子 Eriko Hoashi D：古屋安紀子 Akiko Furuya

I：フィリップ・ワイズベッカー Philippe Weisbecker CW：国井美果 Mika Kunii / 廣部尚子 Naoko Hirobe Pr：田保智世 Tomoko Tabo

A：電通 DENTSU INC DF, SB：ライトパブリシテイ LIGHT PUBLICITY CO.,LTD.

きっと
みつかる。
ポプラ文庫
創刊。

わたしはそこへ
行かなくては
ならない。
『空と海のであう場所』より
きっと
みつかる。
ポプラ文庫
創刊。

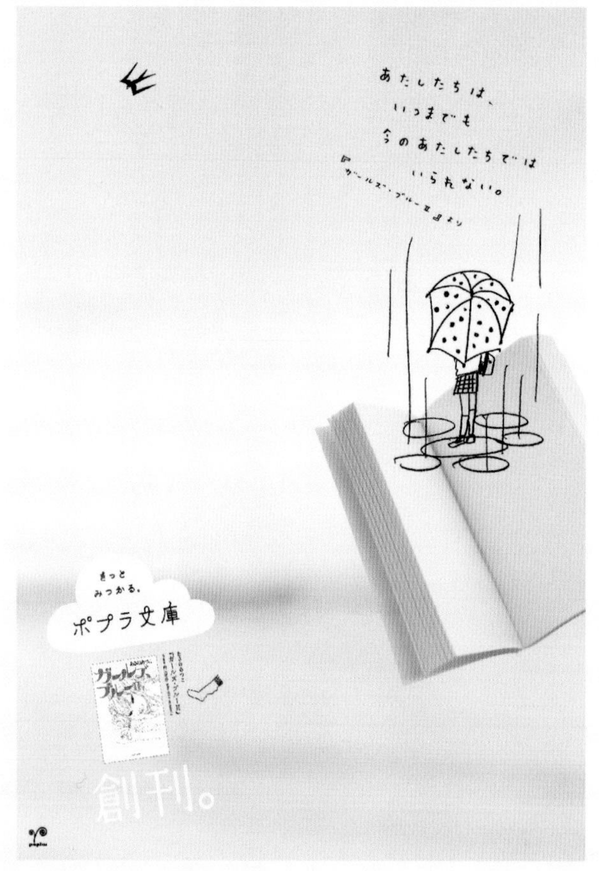
あたしたちは、
いつまでも
今のあたしたちでは
いられない。
『ガールズ・ブルーⅡ』より
きっと
みつかる。
ポプラ文庫
創刊。

それにしても
よくぞこんなに
毎晩ちがうものを
食べつづけ、
よくぞこんなに
言いたい放題言うなあ。
『今朝もの晩ごはん』より
きっと
みつかる。
ポプラ文庫
創刊。

ポスター　Poster

ポプラ社［出版社］ POPLAR Publishing Co., Ltd. [Publisher]
AD：寄藤文平　Bunpei Yorifuji　D：鈴木千佳子　Chikako Suzuki
I：長崎訓子　Kuniko Nagasaki　P：市橋織江　Orie Ichihashi
SB：文平銀座　BUNPEIGINZA, Ltd.

商品カタログ
Product Promotion Catalog
荻原［アパレル］
OGIWARA Co., Ltd [Apparel]
AD, D, SB：名久井直子 Naoko Nakui
I：コイヌマユキ Yuki Koinuma
P：木寺紀雄 Norio Kidera

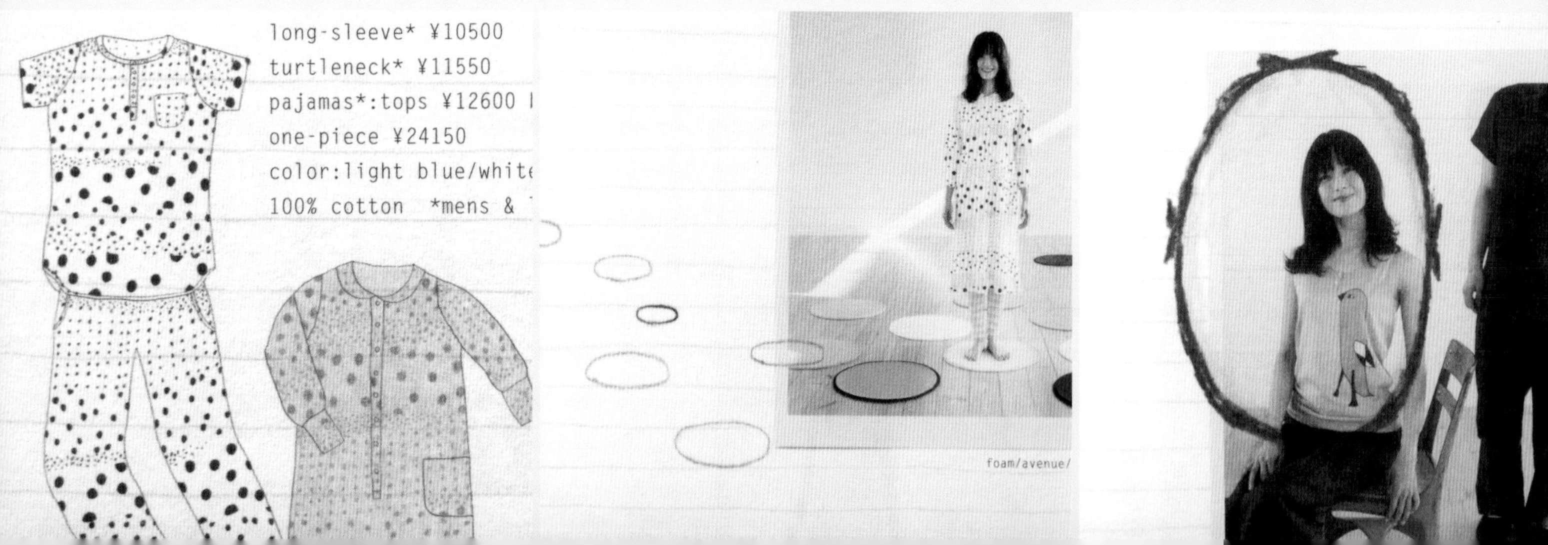

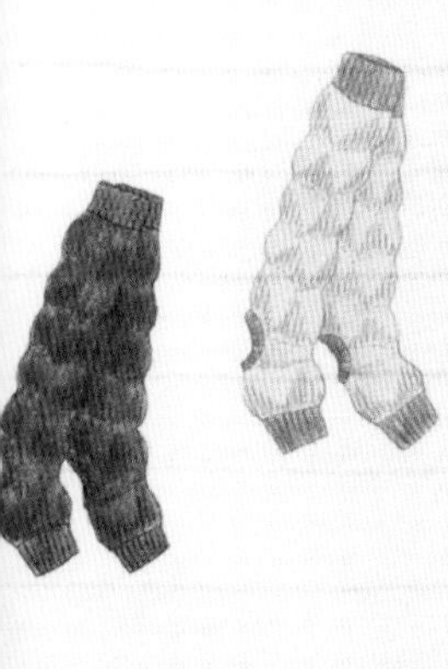

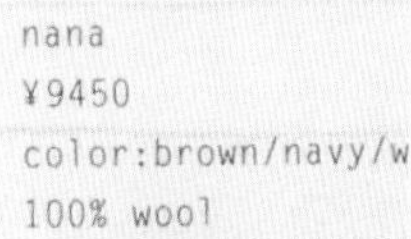

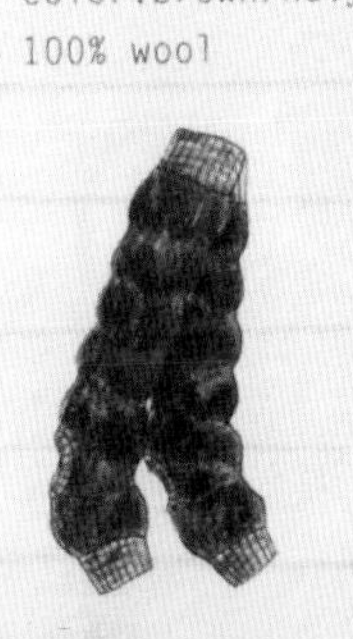

nana
¥9450
color:brown/navy/w
100% wool

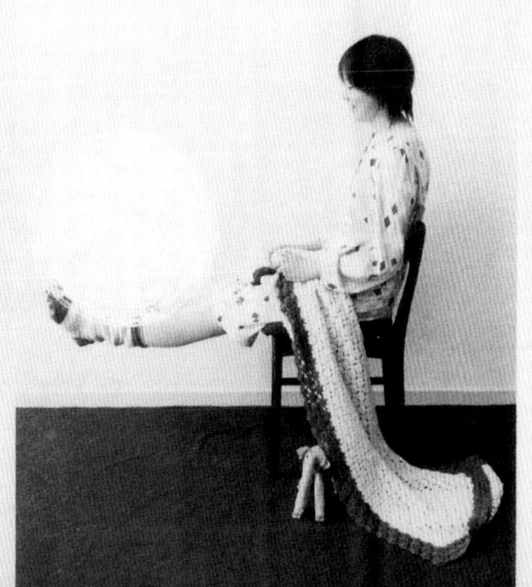

room shoes
¥12600
80% wool 20% nylon
brown/gray/black
mens & ladies

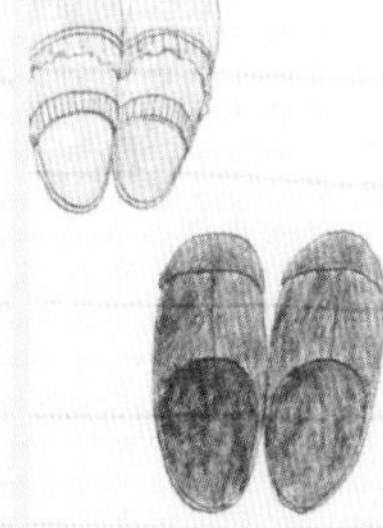

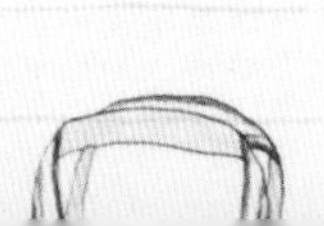

from left
pierced earrings 19,950 yen / K10
charms 15,750 yen / K10, tanzanite and pearl
pierced earrings 18,900 yen / K10
charms 9,450 yen / K10 and amethyst
pierced earrings 17,850 yen / gold plated silver
charms 13,650 yen / K10 and sunstone

pierced earrings 26,250 yen / gold plated silver
ring 23,100 yen / K10
charm 14,700 yen / K10 (with K10 chain 16,800 yen)

dress 23,100 yen / cotton / Sohoma
bag 17,640 yen / italian deadstock fabric / w28, h21, d20cm / CLIO.G

シーズンカタログ Seasonal Catalog
エーアンドエス［アクセサリー・ファッショングッズ］
A&S Inc. [Accessories, Fashion Goods]
D：服部 綾 Aya Hattori I：マーグラフ Murgraph
P：石田祥平 Shohei Ishida DF, SB：エーアンドエス A&S Inc.

dress 12,600 yen / polyester / Sugar Rose
bag 12,390 yen / fake leather / w25, h34, d13cm
bag charm 5,040 yen
flat shoes 10,290 yen / fake leather / Casselini fiveavenue

© Murgraph

パッケージ Package
ミュゼ ドゥ ショコラ テオブロマ［菓子製造］
MUSÉE DU CHOCOLAT THÉOBROMA
[Confectionery Manufacture]
I：樋上公実子 Kumiko Higami
SB：ミュゼ ドゥ ショコラ テオブロマ
MUSÉE DU CHOCOLAT THÉOBROMA

Spick and Span
2009 Summer Collection
Let's do something
different for summer
vacation this year.
Let's go to Saint-Tropez
with my family, friends
and also my dog.
Sun is shining, ocean
and sky are bright blue!
I would like to feel
ocean air.
It's so exciting!

カタログ Catalog

フレームワークス［アパレル］ FRAME WORKS［Aparrel］

D, SB：大島依提亜 Idea Oshima I：黒田 潔 Kiyoshi Kuroda P：伊藤彰紀 (TRON) Akinori Ito (TRON) ST：柳田真樹 Maki Yanagita
HM：OSSAMU (Image) Production Management：コスモ・コミュニケーションズ Cosmo Communications

ポスター Poster
ラヴィアドゥ［アパレル］LA VIE A DEUX［Apparel］
D：松村明子 Akiko Matsumura
SB：ラヴィアドゥ LA VIE A DEUX

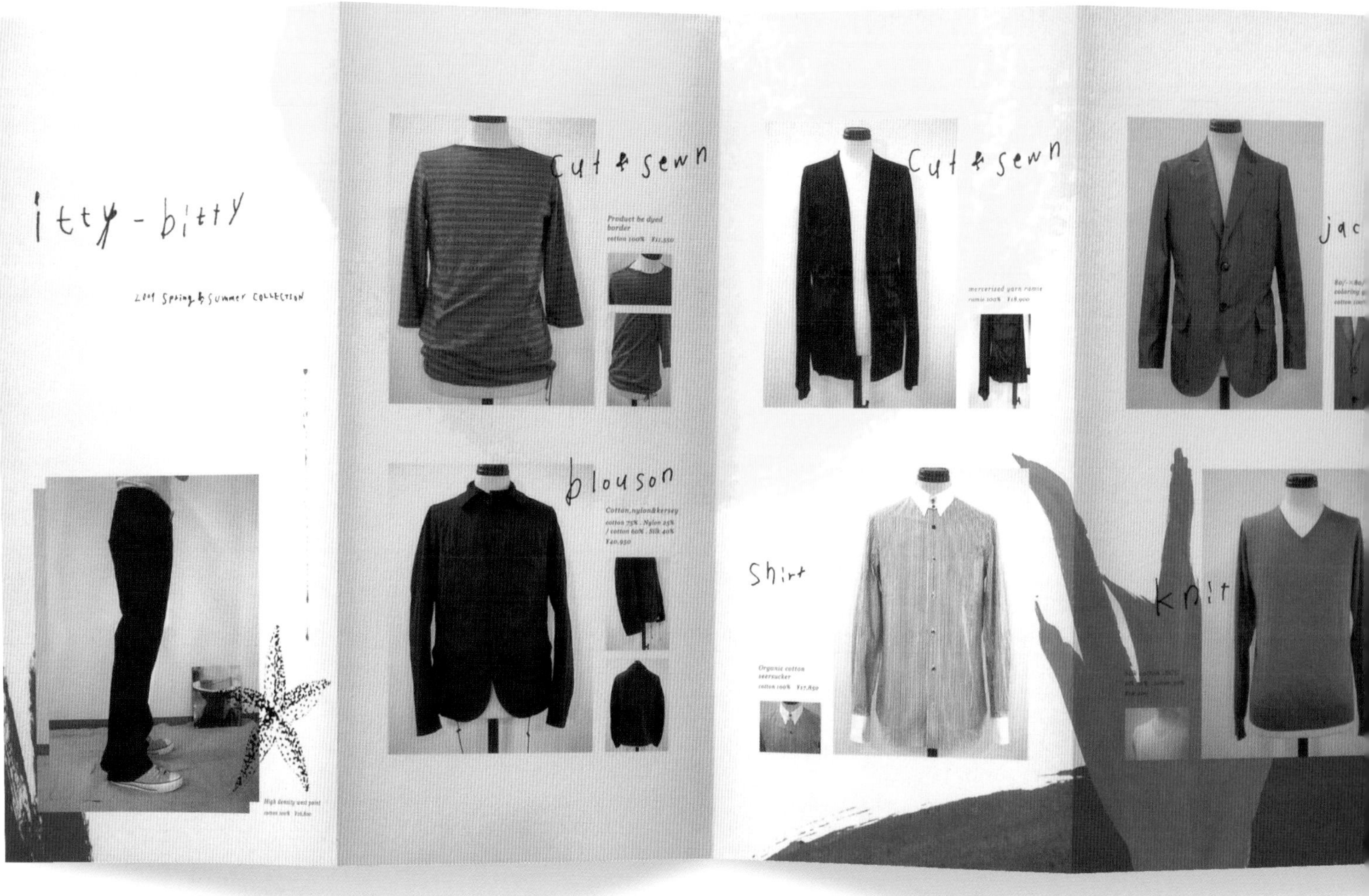

itty-bitty

Cut & sewn

blouson

Cut & sewn

Shirt

knit

料金別納郵便

African American Quilts:
Women Piecing Memories and Dreams
アフリカン・アメリカン・キルト― 記憶と希望をつなぐ女性たち

展示会DM Exhibition DM
資生堂［化粧品メーカー］ Shiseido Co., Ltd. [Cosmetics Maker]
AD, D：青木康子 Yasuko Aoki
DF, SB：パンゲア PANGEA Ltd.

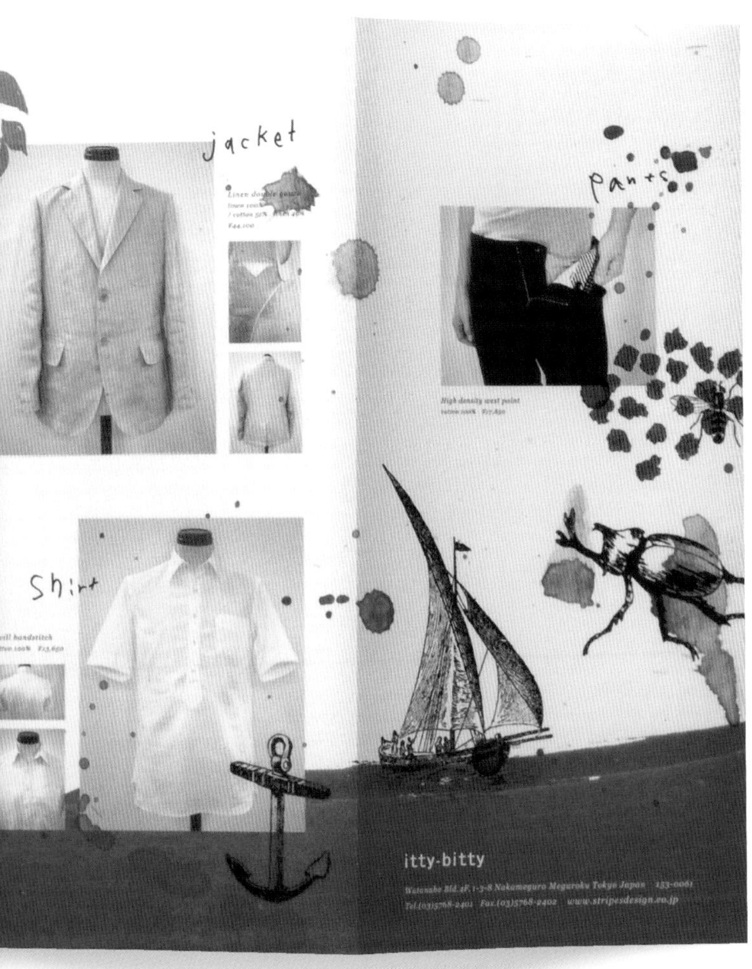

カタログ　Catalog
ストライプスデザイン［アパレルメーカー］
STRIPES DESIGN INC.［Apparel Maker］
AD, D, SB：コアグラフィックス　Coa Graphics

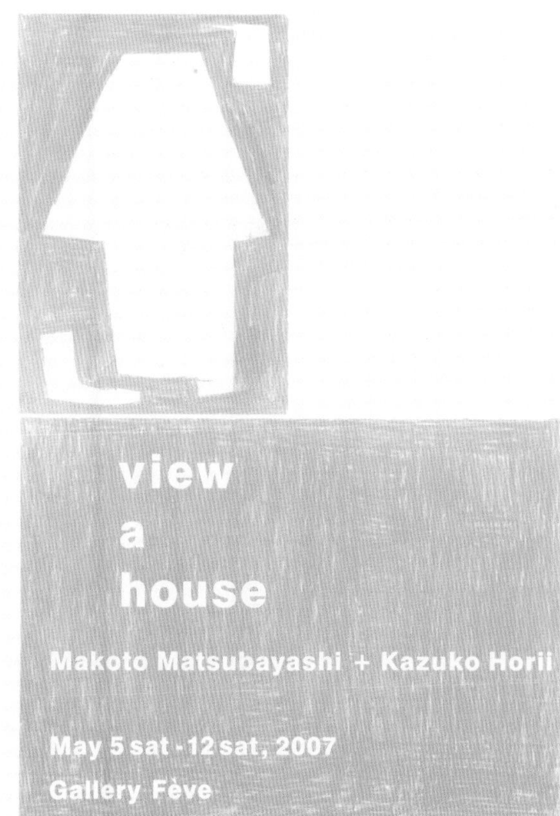

view
a
house
Makoto Matsubayashi + Kazuko Horii
May 5 sat - 12 sat, 2007
Gallery Fève

ポスター　Poster
ギャラリーフェブ［ギャラリー］　gallery fève［Gallery］
AD, D：井上庸子　Yoko Inoue
I：松林 誠　Makoto Matsubayashi

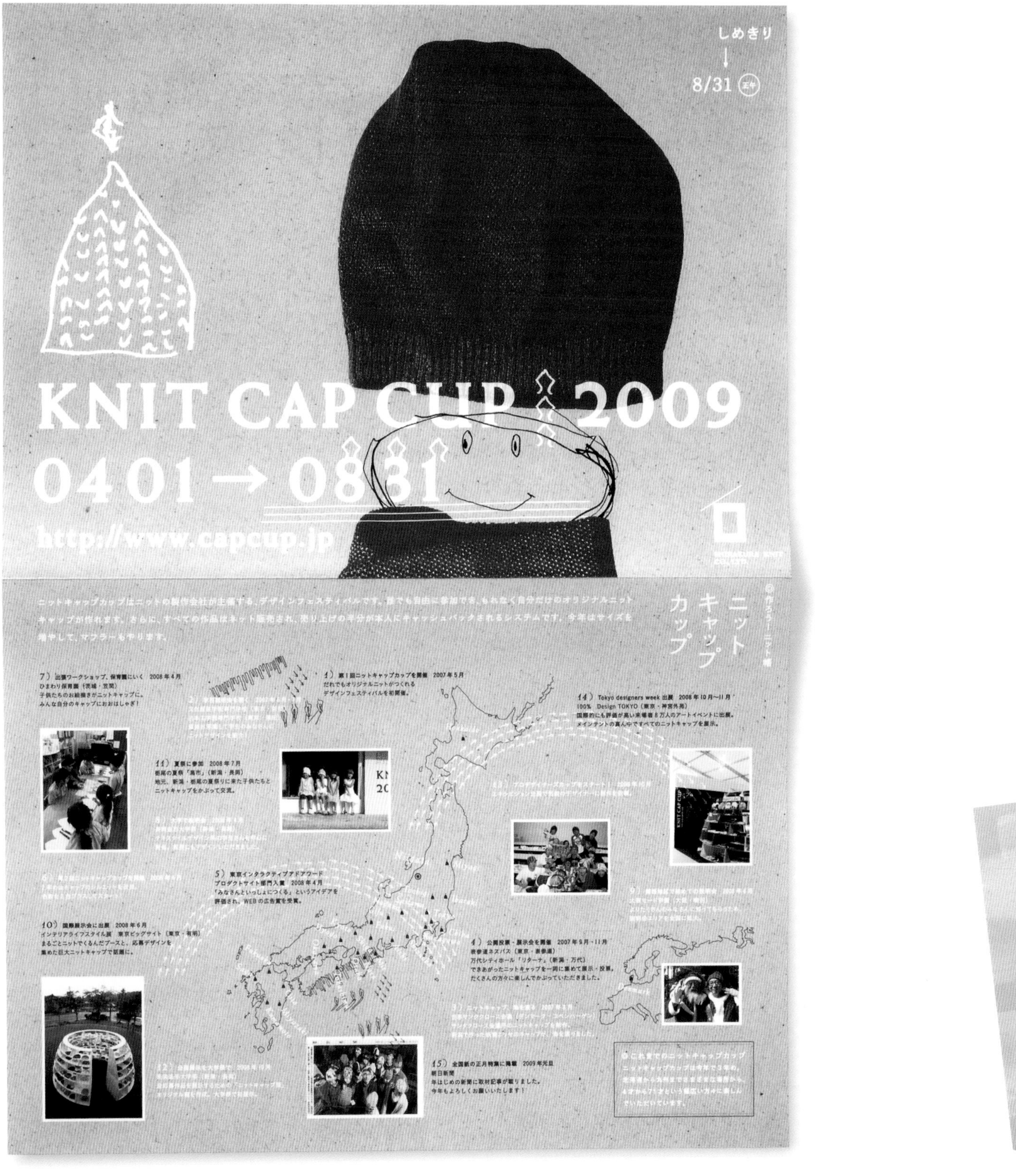

しめきり
↓
8/31

KNIT CAP CUP 2009
0401 → 0831
http://www.capcup.jp

ニットキャップカップ

ニットキャップカップはニットの製作会社が主催する、デザインフェスティバルです。誰でも自由に参加でき、もれなく自分だけのオリジナルニットキャップが作れます。さらに、すべての作品はネット販売され、売り上げの半分が本人にキャッシュバックされるシステムです。今年はサイズを増やして、マフラーもやります。

7）出張ワークショップ、保育園にいく　2008年4月
ひまわり保育園（茨城・笠間）
子供たちのお絵描きがニットキャップに。
みんな自分のキャップにおおはしゃぎ！

1）第1回ニットキャップカップを開催　2007年5月
だれでもオリジナルニットがつくれる
デザインフェスティバルを初開催。

14）Tokyo designers week 出展　2008年10月〜11月
100%　Design TOKYO（東京・神宮外苑）
国際的にも評価が高い来場者8万人のアートイベントに出展。
メインテントの真ん中ですべてのニットキャップを展示。

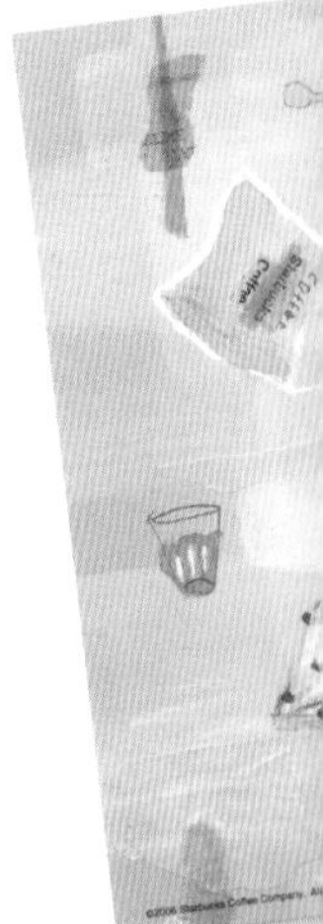

コンペ告知ポスター、DM
Competition Notification Poster, DM
白倉ニット［ニットメーカー］
SHIRAKURA KNIT CO., LTD [Knit Manufacturer]
CD：春蒔プロジェクト　Harumaki Project co., ltd.
AD, D, I：紀太みどり　Midori Kida
DF, SB：タイニー　tiny

新聞広告 Press Advertising
クラレ［化成品・樹脂などの製造・販売］
KURARAY CO., LTD.
[Manufacturing and Sales of Chemicals and Resins]
CD：村田幸一 Koichi Murata
AD：副田高行 Takayuki Soeda
D：北原佳織 Kaori Kitahara
I：片岡樹里 Juri Kataoka
CW：松木圭三 Keizo Matsuki
P：泊 昭雄 L.A.Tomari
SB：副田デザイン制作所
SOEDA DESIGN FACTORY

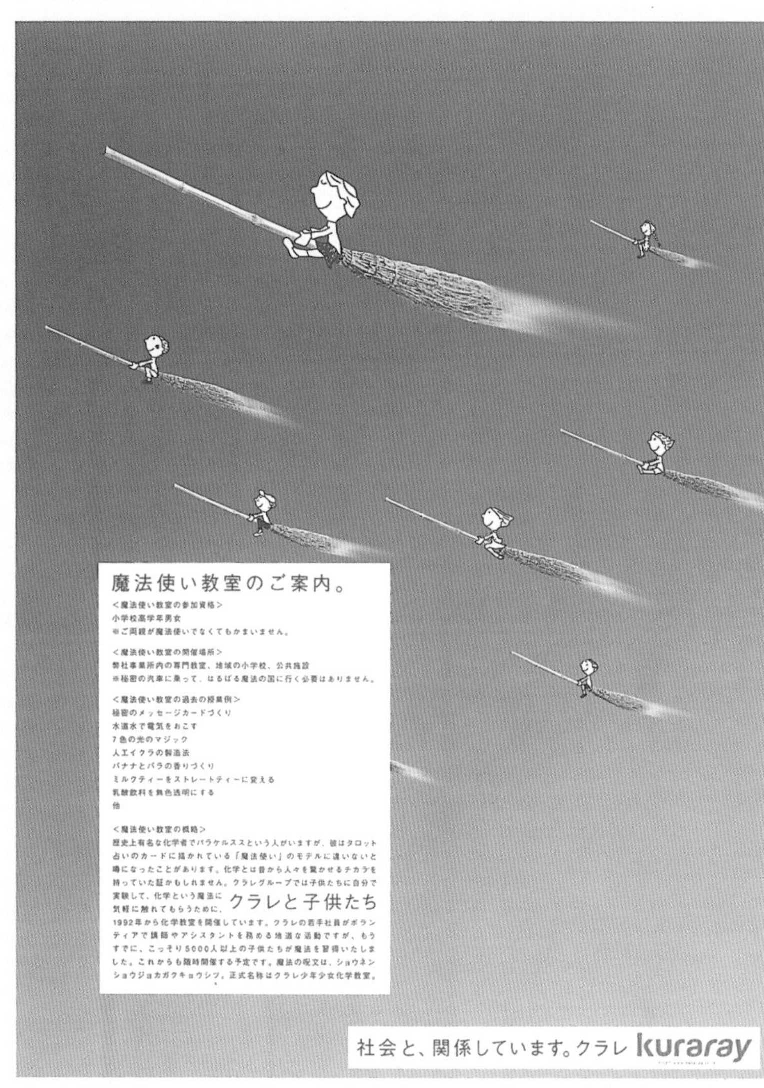

カタログ Catalog
スターバックスコーヒージャパン
［コーヒーストアの経営及び関連ツールの販売］
Starbucks coffee japan
[Management of Coffee Store, Sales of Related Tool]
CD, AD：龍山悠一 Yuichi Tatsuyama（TROOM）
D：高木 聖 Kiyoka Takagi（ZIN・GRAPHICS）
I, SB：下田和サチヨ Sachiyo Shimowada
CW：後藤珠巳 Tamami Gotou（T ROOM）
A：T ROOM

商品パッケージ　Commodity Package
アイビー［ティールーム］IVY Inc.［Tearoom］
CD, AD, DF：アフタヌーンティー・ティールーム　Afternoon Tea TEAROOM
D：草刈千絵　Chie Kusakari　I：ヘルメス　HERMES Inc.
SB：アイビー　IVY Inc.

商品パッケージ Commodity Package
デメル・ジャパン［カフェ・菓子メーカー］DEMEL JAPAN [Cafe, Confectionary Maker]
CD, AD, D, SB：デメル DEMEL JAPAN

商品パッケージ　Commodity Package
デメル・ジャパン［カフェ・菓子メーカー］
DEMEL JAPAN［Cafe, Confectionary Maker］
CD, AD, D, SB：デメル　DEMEL JAPAN

Most people don't know that you have to milk a cow in the winter to get vanilla ice cream. If you milk it in the summer, you only get milk.

HOW HERTOG STRACCIATEL ICE CREAM IS MADE .

Vanilla comes from white c
Chocolate comes from brown
Stracciatella comes from spott

Julie, age 7

Hertog
NOW, THAT'S GOOD
Actually, our Vanilla Ice Cream is made from fresh whole milk and an extra dash of inspiration. Try it to see what we mean...

商品広告 Product Advertisement

Unilever - Family Brands「Food」
CD：Richard Gostelow / Ian Shepherd　AD, D：Jessica Kersten
D：Remco van Zaanen　I：Carine Brancowitz
CW：Andre Dammers / Jessica Lehrer / Sander Volleman
A, SB：DDB Amsterdam　DF：Unit

ポスター Poster
ヤクルト［飲料メーカー］ Yakult [Beverage Manufacturer]
CD：高田伸敏 Nobutoshi Takada
AD, I：長谷川大輔 Daisuke Hasegawa
CW：堀内有為子 Yuiko Horiuchi
A：東急エージェンシー Tokyu Agency Inc.
SB：ヤクルト本社 YAKULT HONSHA CO., LTD.

カタログ Catalog

パルシステム生活協同組合連合会［生活協同組合］ Palsystem Consumer's Cooperative Union［Consumer's Cooperative Union］

AD, D：ナカジマアキコ（55Graphics） Akiko Nakajima（55Graphics） AD, D：仲野木綿子（ゼネラル・プレス） Yuko Nakano（General Press）

I, SB：下田和サチヨ Sachiyo Shimowada CW：本田佳奈（ゼネラル・プレス） Kana Honda（General Press） A：ゼネラル・プレス General Press

YUMYUM
[ヤムヤム] 私らしくつくろう、赤ちゃんといっしょの心地いいくらし
太鼓判
お家で外食気分。
安全&おいしいが自慢です。
りんご会議から生まれた、
赤ちゃんにこそ、パルシステムのいちご。
毎朝飲みたい、やさしい味わい。
菜種油
Pure Canola Oil
pal•system
生乳70%の飲むヨーグルト
人気商品ランキング
2008年3月4回
2009年2月4回
3月3日はひなまつり。
このマークに注目
「特別価格」と「値下げ」で組合員のくらしを応援!
http://www.pal-system.co.jp/ pal•system

おおきな自然の木の下で。

どろんこであそんで、はらぺこ、くたくた。
いっぱいたべたら、ぐっすりお昼寝。
くらしのリズムをからだでちゃんとおぼえながら、
こどもが自由にのびのびと育つのを支え、
見守っていきます。

きせつの行事
春
入園式
始業式・花まつり
懇談会・遠足
虫歯予防の集い
時の記念日の集い
夏
七夕の集い
終業式
年長お泊り保育
卒園生の集い
たんぽぽ寮川遊び（道志川）
秋
始業式
園児引き取り訓練
敬老ご招待・お月見の集い
七五三お寺参り
運動会・遠足
冬
おもちつき
小さなギャラリー・終業式
どんど焼き・節分の集い
わくわくステージ・
ひなまつり
お別れ遠足・卒園式

たいせつにしていること

魔法の給食、物語メニュー

すききらいをなくしたい、という思いから
生まれたのが、物語メニューです。
こどもたちの大好きな絵本にちなんだ、毎日の給食メニュー。
まず、その日のメニューのもとになった絵本を読み聞かせて、
それから物語メニューを「いただきます！」。
すると絵本の世界に入り込んだこどもたちは、
こちらがびっくりするほどよく食べてくれるのです。
栄養士と給食の先生が、安心・安全な食材で、
栄養バランスに配慮してつくっています。

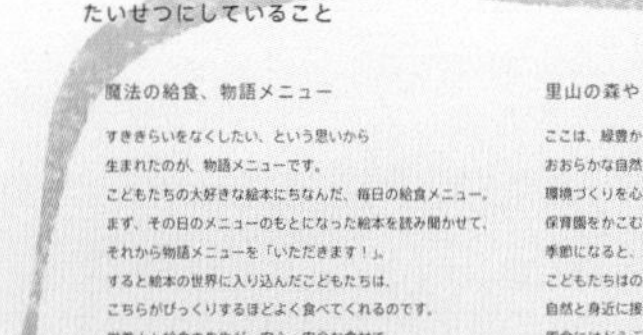

里山の森やどうぶつ村のふれあい

ここは、緑豊かな保育園。四季をつうじて、
おおらかな自然と安全にふれあえる
環境づくりを心がけています。
保育園をかこむのは、園庭からつづく里山の森。
季節になると、ふくろうもやってくるほどです。
こどもたちはのびのびと遊びながら、
自然と身近に接して感性を育みます。
園舎にはどうぶつ村もあり、きつねやくじゃく、
鹿やヤギやうさぎたちと日々顔をあわせます。
またしょくぶつ園では、
みんなで野菜を育てています。

感性をのびのび育む、オトキャッチ

身のまわりや自然のなかには、どんな音があるんだろう？
きれいな響き、楽しい音色、ふだんは気にしていなかった、
意外なモノの意外な音。
たとえばポーン♪と手もとのモノを鳴らして、
同じ音を探したり。そんな遊びが、オトキャッチです。
音感の豊かさは、心の豊かさ。それは色もおなじこと。
濃い色、淡い色、洗い色、澄んだ色。
豊かな色彩の世界を発見する遊び、イロトモなど、
こどもの感性をのびのび育むことを心がけています。

しぜんの国保育園　分園　風の丘

保育理念　「いきいき」

基本保育方針
私たちは、今ここで、「こどもたちのたからもの」を大切にします。
地域で安心して子育てができる環境を作ります。
すべてが「子ども中心」の視点で、一つ一つ保育を考えていきます。

設置者
社会福祉法人東香会　http://www.toukoukai.org
理事長　斎藤　謙也

本園	分園
所在　町田市忠生2-5-3	所在　町田市忠生2-7-5
Tel　042(793)4169	Tel　042(793)2889
Fax　042(793)4170	Fax　042(789)4586
開園　1979(昭和54)年4月1日	開園　2002(平成14)年4月1日
敷地面積　2179.81㎡	敷地面積　2179.81㎡（本園と同じ）

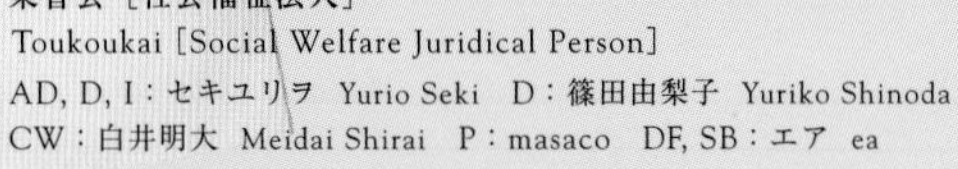

入園パンフレット　Entrance into a Kindergarten Pamphlet
東香会［社会福祉法人］
Toukoukai [Social Welfare Juridical Person]
AD, D, I：セキユリヲ　Yurio Seki　D：篠田由梨子　Yuriko Shinoda
CW：白井明大　Meidai Shirai　P：masaco　DF, SB：エア　ea

ショップカード Shopcard
ガテモタブン［飲食店］ GatemoTabum［Restaurant］
CD, AD, D, SB：アトリエタイク ateliertaik co., ltd.
I：飯島麻奈美（アトリエタイク） Manami Iijima (ateliertaik)

KIDS WORKSHOP IN SUMMER 2008
子どもの体験教室
2008.8.18 Mon. 8.23 Sat. 8.24 Sun. 8.30 Sat.
IKEJIRI INSTITUTE OF DESIGN
世田谷ものづくり学校
www.r-school.net

ポスター Poster
IID 世田谷ものづくり学校［生活空間・事業空間の創造］
IKEJIRI INSTITUTE OF DESIGN
［Creation of Living Space and Business Space］
AD, D：山本和久 Kazuhisa Yamamoto I：遠山 敦 Atsushi Toyama
DF：ドニー・グラフィクス Donny Grafiks
SB：IID 世田谷ものづくり学校 IKEJIRI INSTITUTE OF DESIGN

カード、ポスター　Card, Poster

ルミネ［商業施設］ LUMINE CO., LTD. [Shopping Center]

AD, I：丸山 もゝ子　Momoko Maruyama　D：松崎 賢　Suguru Matsuzaki

I：小林悠子（ポスター） Yuko Kobayashi (Poster)　CW：尾形真理子　Mariko Ogata

A：ジェイアール東日本企画　East Japan Marketing & Communications, Inc. / 博報堂　HAKUHODO INC.

DF：ツープラトン　TWOPLATOON INC　SB：ルミネ　LUMINE CO., LTD.

ポスター、DM、紙袋、ショップガイド Poster, DM, Shopping bag, Guide in shop
赤ちゃん本舗［ベビー・マタニティー・キッズ用品店］AKACHANHONPO［Baby, Maternity, Kids Articles Shop］
CD：大木隆介 Ryusuke Ohki AD：佐藤和也 Kazuya Sato
AD, D：武田一孝 Kazutaka Takeda D：福原大地 Daichi Fukuhara I：MICAO
CW：赤ちゃん本舗 AKACHANHONPO A, SB：スコープ SCOPE INC.
DF：トーキョーシーズ（株式会社シーズ広告制作会社 東京本社）SEAS ADVERTISING Co., Ltd.

新規フォローアップDM
New Follow-up DM
あきゅらいず美養品［スキンケア業］
akyrise ltd.［Skin Care Industry］
CD, AD：小倉 拓　Hiraku Ogura
D, I, CW：坂井美輪　Miwa Sakai
DF, SB：あきゅらいず美養品　akyrise ltd.

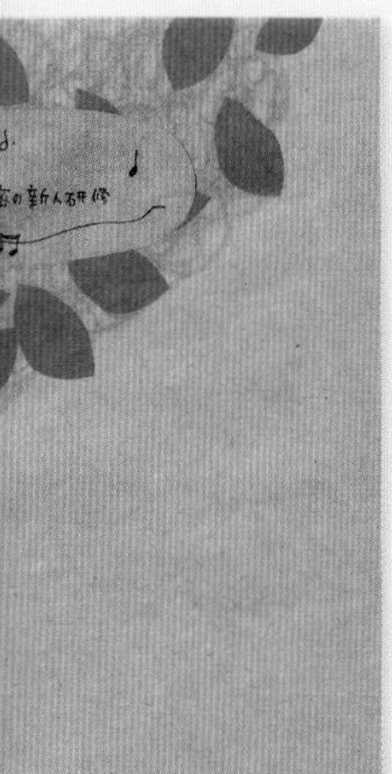

ニュースレター　News Letter
三栄堂［パン製造販売・カフェ＆レストラン］
Saneido [Bread Manufacturing Sales, Cafe and Restaurant]
CD：富永寛子　Hiroko Tominaga
AD, D, I：中村香織　Kaori Nakamura
I：手塚雅恵　Masae Tezuka
CW：矢島大資　Daisuke Yajima
DF, SB：ワイキューブ　Y-CUBE CORPORATION
Dr：高平絵梨　Eri Takahira / 田中絵里香　Erika Tanaka

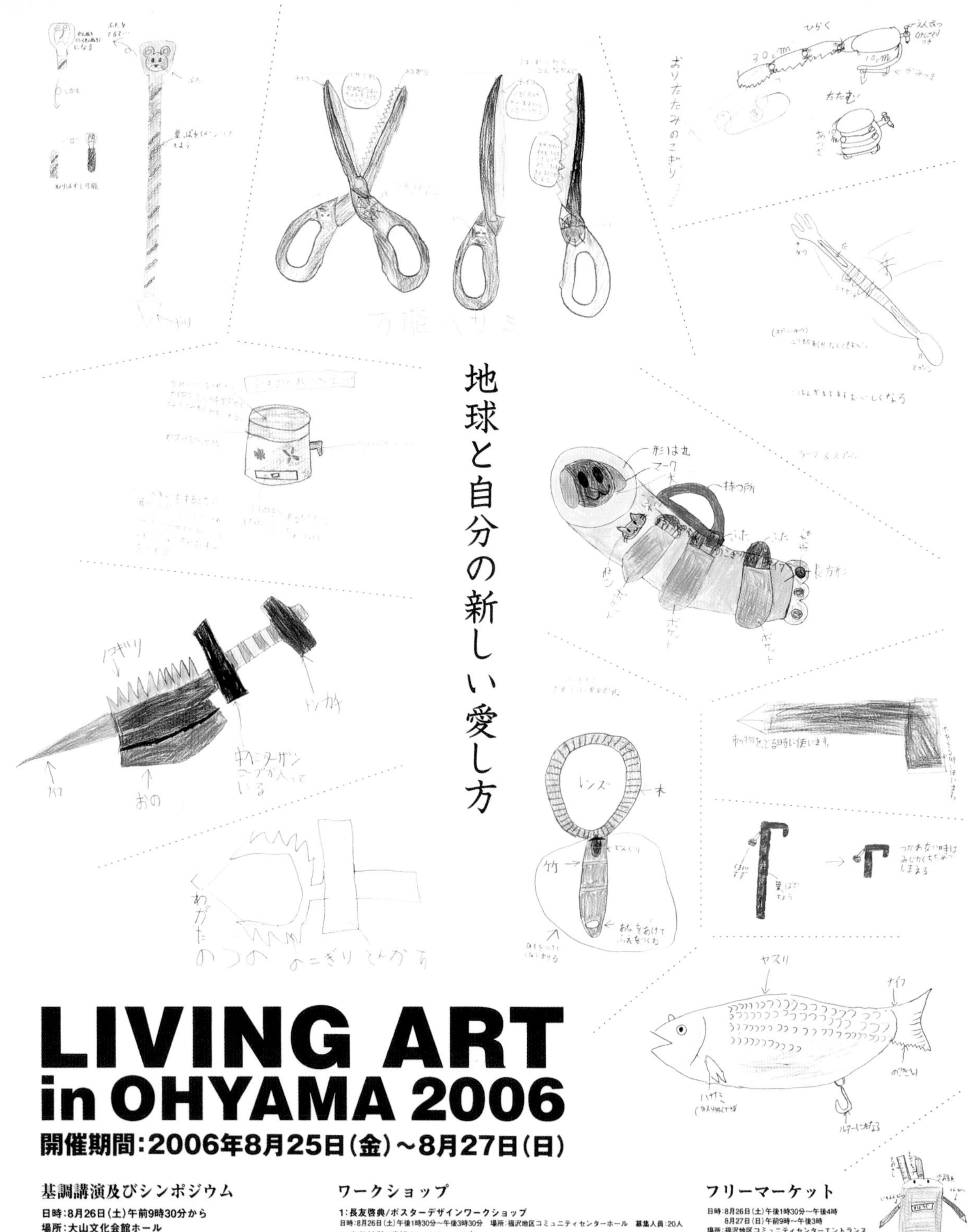

開催期間:2006年8月25日(金)~8月27日(日)

基調講演及びシンポジウム

日時:8月26日(土)午前9時30分から
場所:大山文化会館ホール
テーマ:『Lohas/地球と自分の新しい愛し方』
基調講演:本木克英 映画監督
パネリスト:小黒一三 月刊誌「ソトコト」編集長
大橋マキ アナウンサー、アロマセラピスト、ライター

木工コンペティション

「木でできた冒険道具」をテーマに、小学校6年生までの子供たちが描いたデザインスケッチから5点を選考し、そのスケッチをもとにデザイナーを目指す学生たちが実物に仕上げ、優秀な作品を表彰します。
表彰:8月26日(土)午前9時から　場所:大山文化会館
展示:8月26日(土)~27日(日)　場所:福沢地区コミュニティセンター
デザインと製作に関わる人:富山大学生、東京理科大学生、武蔵野美術大学生
審査委員:長友啓典(アートディレクター)、広谷純弘(建築家)、小泉誠(家具デザイナー)

ワークショップ

1:長友啓典/ポスターデザインワークショップ
日時:8月26日(土)午後1時30分~午後3時30分　場所:福沢地区コミュニティセンターホール　募集人員:20人
2:広谷純弘/建築ワークショップ
日時:8月27日(日)午前9時30分~12時　場所:福沢地区コミュニティセンター外部(雨天の場合はホール)
募集人員:20人程度、小学校4~中学校3年生
3:小泉 誠/リビングワークショップ
日時:8月26日(土)午後4時から午後6時　場所:福沢地区コミュニティセンター外部(雨天の場合はホール)
募集人員:20人
4:柿谷 正/木工ワークショップ
日時:8月26日(土)午後1時30分から午後3時30分　場所:職藝学院　募集人員:20人
5:村林眞叉夫/写真ワークショップ→有峰方面
日時:8月27日(日)午前9時30分~午後3時　場所:有峰方面(雨天の場合は福沢地区コミュニティセンターホール)
募集人員:20人
6:水馬とんぼ玉ワークショップ
日時:8月27日(日)午前9時30分~12時　場所:ギャラリーヴェガ　募集人員:20人(中学生以上)
7:山元重男/俳句ワークショップ
日時:8月27日(日)午前9時30分~12時　場所:福沢地区コミュニティセンター 和室　募集人員:30人
8:大澤安明/料理ワークショップ
日時:8月27日(日)午後1時~午後3時　場所:福沢地区コミュニティセンター 和室　募集人員:20人

フリーマーケット

日時:8月26日(土)午後1時30分~午後4時
8月27日(日)午前9時~午後3時
場所:福沢地区コミュニティセンターエントランス

特別展

日時:8月25日(金)午後1時~27日(日)午後3時
場所:福沢地区コミュニティセンター
○ 木工コンペ:福沢地区コミュニティセンターギャラリー
○ ポスター:福沢地区コミュニティセンターギャラリー
○ 写真:福沢地区コミュニティセンターギャラリー及びホール大
○ ガラス:福沢地区コミュニティセンター外部及びホール

●問い合わせ:富山市大山総合行政センター総務振興課　電話076-483-2537
e-mail:ohyama-soumusinkou@city.toyama.lg.jp
●アクセス:福沢地区コミュニティセンターへはJR富山駅から、地鉄バス43.44福沢・国際大学行き、福沢バス停下車　住所:富山市東福沢3550番地電話:076-483-1811
大山文化会館へはJR富山駅から、富山地方鉄道 不二越・上滝線、上滝駅下車徒歩5分
住所:富山市上滝577番地　電話:076-483-0001
●主催:富山市
●共催:(株)北日本新聞社、北日本放送(株)

illustration SEITARO KURODA art direction KEISUKE NAGATOMO design K2

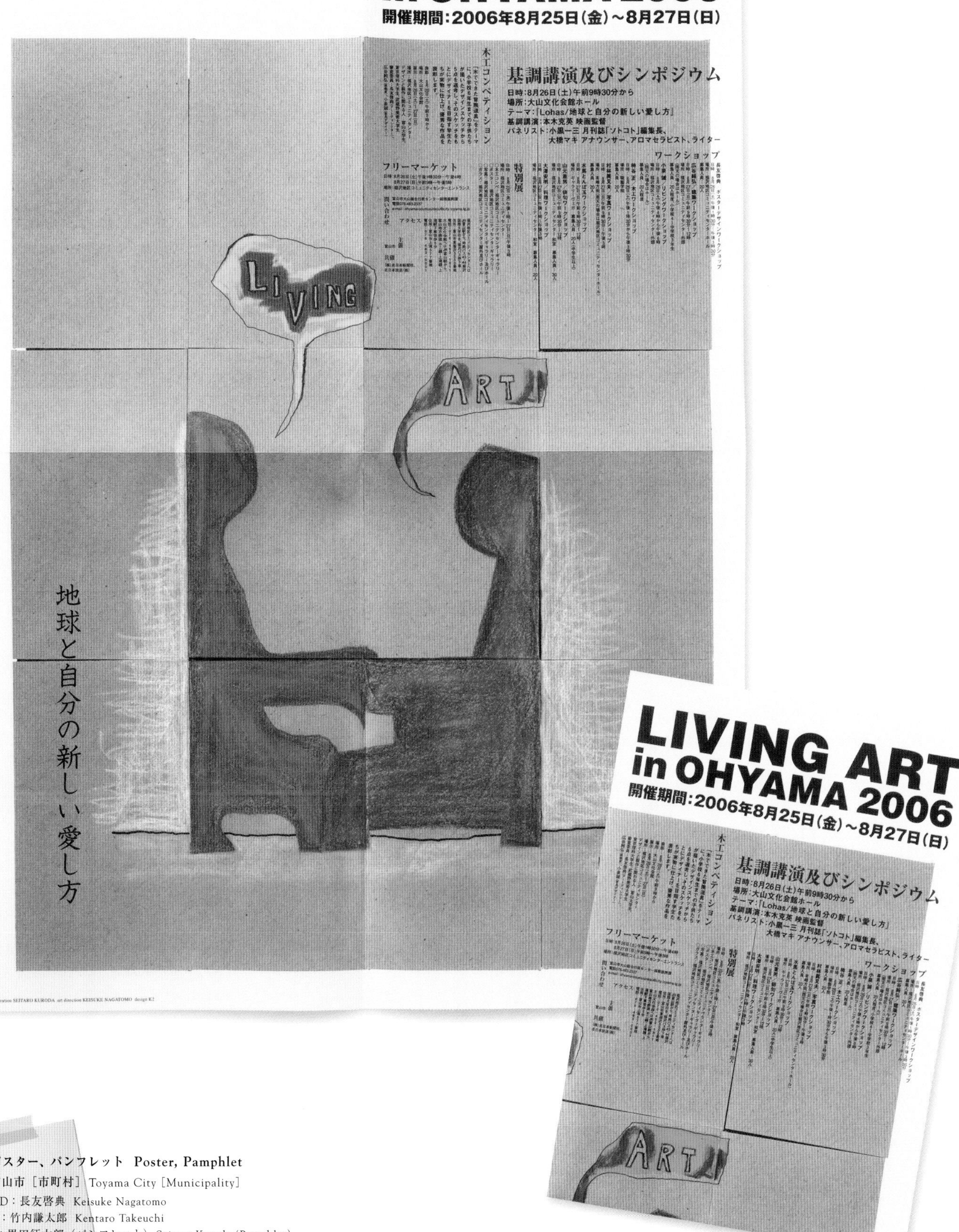

ポスター、パンフレット Poster, Pamphlet

富山市［市町村］ Toyama City [Municipality]

AD：長友啓典 Keisuke Nagatomo

D：竹内謙太郎 Kentaro Takeuchi

I：黒田征太郎（パンフレット） Seitaro Kuroda (Pamphlet)

DF, SB：ケイツー K_2

プール
理由なんて、愛ひとつで十分だ。
小林聡美　加瀬 亮　伽奈　もたいまさこ
脚本・監督：大森美香　原作：桜沢エリカ「プール」（幻冬舎刊）
企画：霞澤花子　エグゼクティブ・プロデューサー：奥田誠治　石原正康　プロデューサー：小室秀一　前川えんま　木幡久美
ラインプロデューサー：関 友彦　大塚美里　武藤牧子　撮影：谷 峰登　照明：斉藤 徹　録音：古谷正志
美術：富田麻友美　スタイリスト：堀越絹衣　ヘアメイク：宮崎智子　フードスタイリスト：飯島奈美　編集：普嶋信一
スクリプター：天池芳美　音楽プロデューサー：平川智司　石井和之　音楽：金子隆博　主題歌：佐野遊穂（ハンバート ハンバート）
オリジナルサウンドアルバム：バップ　メインコピー：太田恵美　写真：田尾沙織　絵：須藤由希子
製作：シャシャ・コーポレイション　パラダイス・カフェ　日本テレビ　バップ　幻冬舎　スールキートス
配給・宣伝：スールキートス　協賛：THAILAND タイ国政府観光庁　THAI タイ国際航空
©プール商会　www.pool-movie.com

プール

チラシ、プレス Handbill, Press
スールキートス［映画配給］ Suurkiitos [Movie Distribution]
D, SB：大島依提亜 Idea Oshima I：須藤由希子 Yukiko Suto
P：田尾沙織 Saori Tao

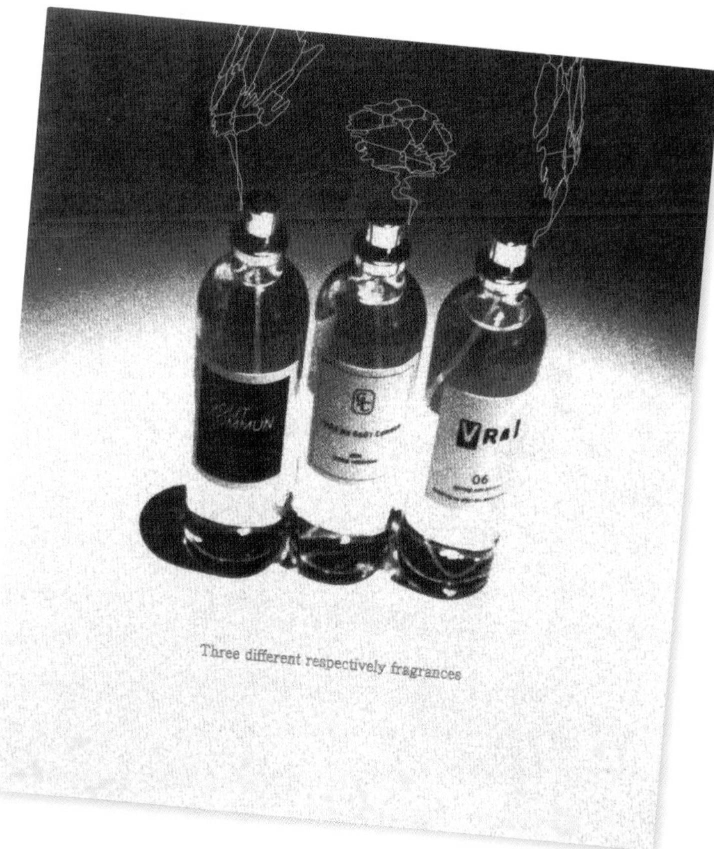

展覧会案内状 Exhibition DM
グランカスケードインク［アパレル］
Grand Cascade inc. [Apparel]
AD, D, SB：サーモメーター SURMOMETER inc.

カタログ Catalog

トランソニック［輸入代理業］ TRANSONIC Inc. ［Import Factorage］
CD, CW, P：土田昌宏 Masahiro Tsuchida
AD, D：野々山訓弘 Kunihiro Nonoyama
I：鈴木康晴 Yasuharu Suzuki DF：東洋印刷 Toyo Printing Co.
SB：トランソニック TRANSONIC Inc.
イメージ画像処理（表紙、裏表紙）：コビアン cobian (USA)

映画公開チラシ Movie Flier
フェイス・ワンダワークス［映画配給］
Faith Wonderworks［Movie Distribution］
D：椚田 透 Toru Kunugida
DF, SB：ニクス・グラフィクス nix graphics

CUT IT OUT! OLFA

CUT IT OUT! OLFA

ブランドコンセプトブック　Brand Concept Book
デューラー［ライフスタイルプロダクツメーカー、小売業］
Düller [Manufacture of Life Style Products, Retailing]
CD, CW：永井 徹　Toru Nagai　CD, I：宮崎直理　Naori Miyazaki
AD, D：高橋瑠美　Rumi Takahashi　CW：ルーカス・フィーリング　Lucas Fuelling
P：正木達郎　Tatsuro Masaki　ST：海渕恵理　Eri Kaifuchi
DF, SB：イデアインターナショナル　IDEA INTERNATIONAL CO., LTD.

r's sketch　10/24/2007 (Fri)

Aluminum Ball point pen & Mechanical pencil
L127×ø8mm Weight: 8g
Every single part is made of Aluminum. This is anodized after buff polishing.

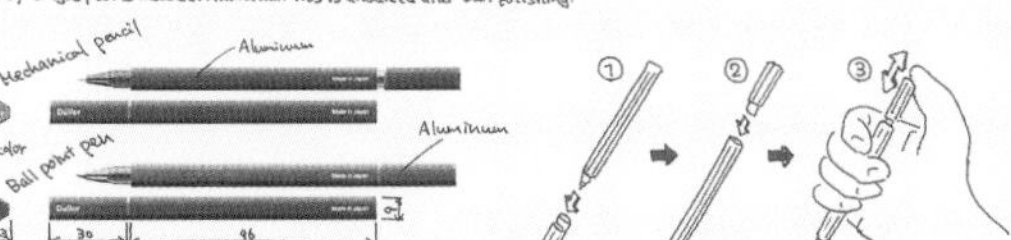

Mechanical Pencil

Highlighters
L172×ø9mm Weight: 6g
An innovative marker which is useful for both writing and highlighting.

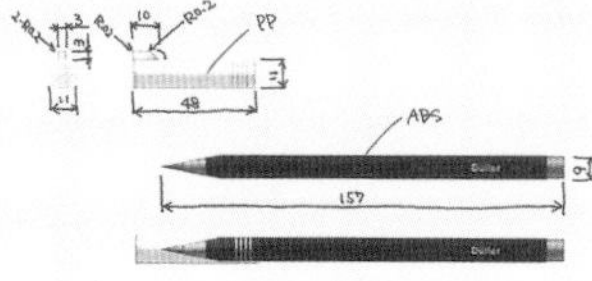

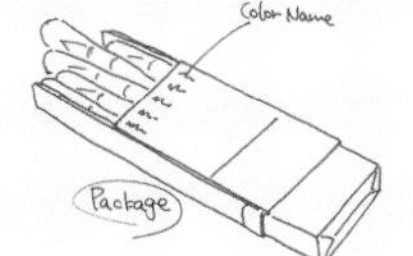

Designer's sketch　9/8/200

Diary with plastic cover
Include London & Paris subway map.
A5 Size W150×H210mm Size of pocket W90×H160mm
You can keep a post card or name card in the outside pocket.

Travel Organizer
Genuine Leather W110×H205mm
This keeps air ticket, card, memo pad and pen all together.

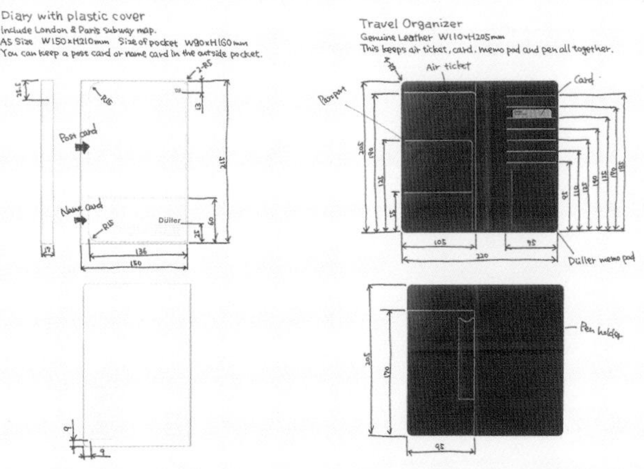

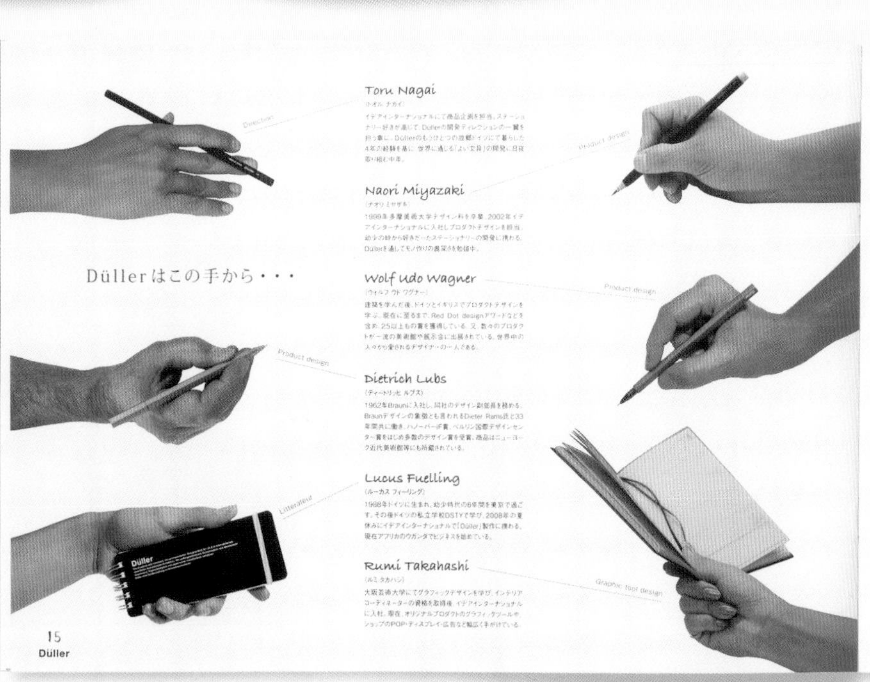

店頭ポスター　In-store Poster
オルファ カッター［刃物手道具の製造販売］
OLFA cutter [Production and Distribution of Cutters]
CD, CW：ジェレミー ペロット　Jeremy Perrott
AD：八木秀人　Hideto Yagi　D：笠原健太朗　Kentaro Kasahara
P：中村宗徳　Munenori Nakamura
A, SB：マッキャンエリクソン　McCann Erickson Japan Inc.

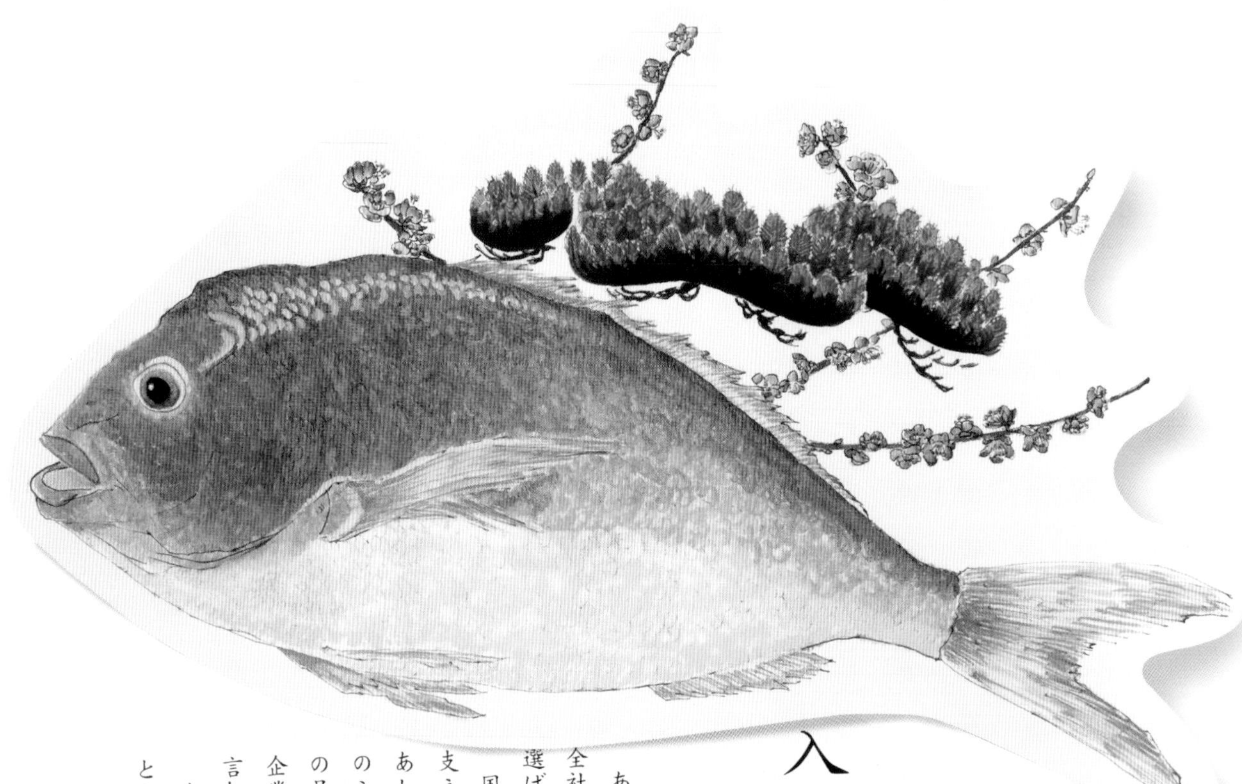

入社証明証書

〇〇 〇〇 殿

あなたは、弊社選考を見事通過し、全社一致でワイキューブ社員として選ばれました。

国力低下が叫ばれるいま、日本を支える中小企業に活力を、日本のあしたに希望を注ぐ。これが私たちのミッションです。知恵を研ぎ、自分の品質を磨きつづけてください。中小企業にとって日本一の味方だね、と言われるようになってください。

今後の成長を期待し、私たちの仲間となることを、ここに証明します。

平成二〇年四月一日
株式会社 ワイキューブ
代表取締役 安田佳生

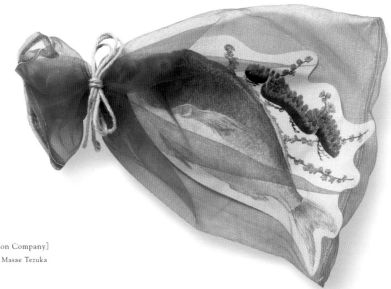

入社証明書 Bond of Joining a Company
ワイキューブ［人材採用コンサルティング・広告制作会社］
Y-CUBE CORPORATION [Hiring People Consulting, Advertising Production Company]
CD：森山和都 Wato Moriyama　AD, D：縄野恵理 Eri Nawano　I：手塚雅恵 Masae Tezuka
CW：池戸 裕 Yu Ikedo　DF, SB：ワイキューブ Y-CUBE CORPORATION

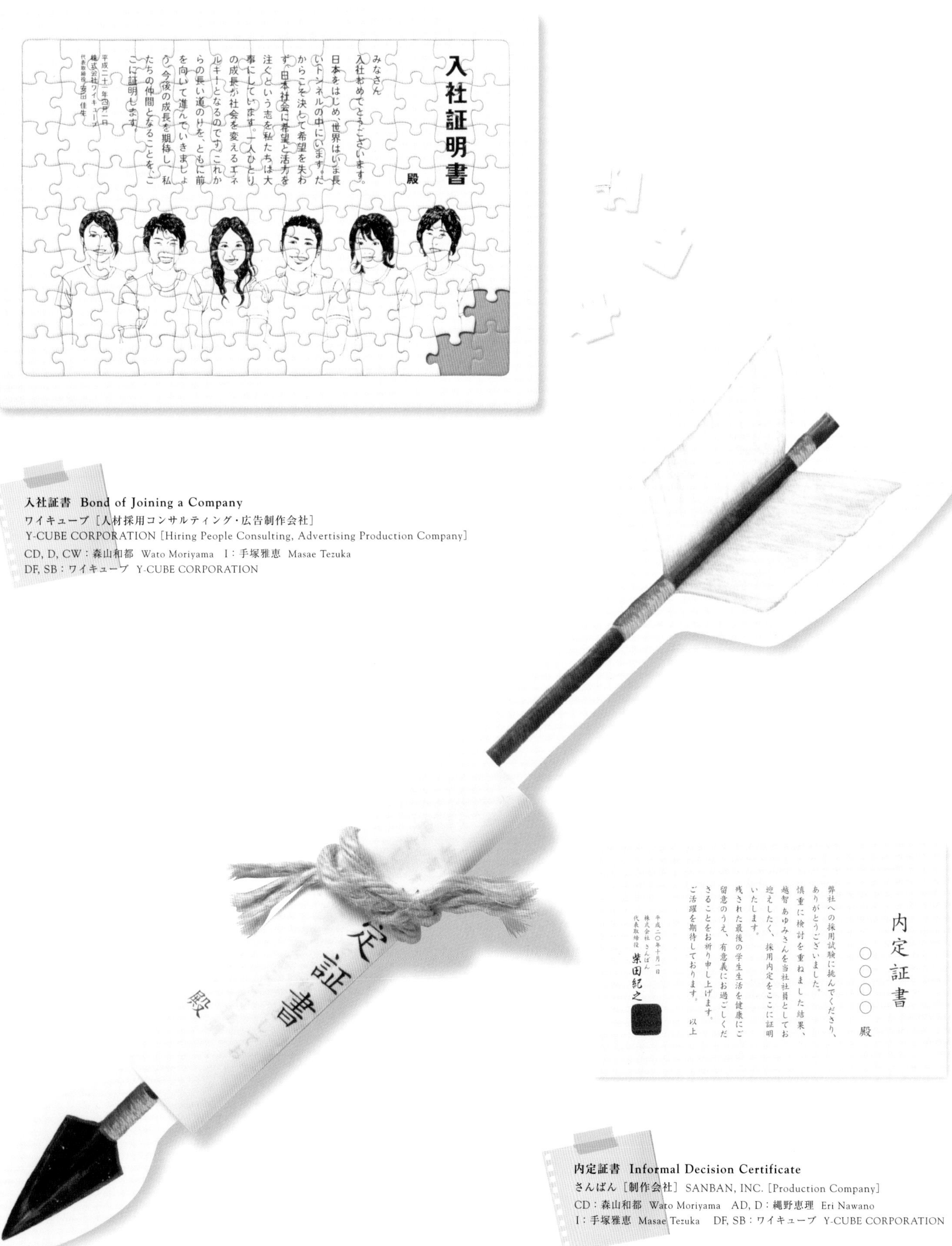

入社証書 Bond of Joining a Company
ワイキューブ［人材採用コンサルティング・広告制作会社］
Y-CUBE CORPORATION [Hiring People Consulting, Advertising Production Company]
CD, D, CW：森山和都 Wato Moriyama I：手塚雅恵 Masae Tezuka
DF, SB：ワイキューブ Y-CUBE CORPORATION

内定証書 Informal Decision Certificate
さんばん［制作会社］ SANBAN, INC. [Production Company]
CD：森山和都 Wato Moriyama AD, D：縄野恵理 Eri Nawano
I：手塚雅恵 Masae Tezuka DF, SB：ワイキューブ Y-CUBE CORPORATION

広告 Advertisement

GREENPEACE

CD：SISCU MOLINA / FERRAN BLANCH　AD：MANUEL PADILLA

CW：JAVI INGLÉS　P：FERGUS STOTHART　A, SB：TIEMPO BBDO s.a.p

【print technic】

Expressive techniques used in printing.
In this book, the general term for work incorporating, for example, 'damaged look' processes such as wear and tear and 'used look' processes to give the appearance of age.

【印刷技法】
印刷における、表現技巧上の方法。手法。
本書では、擦れや破れなどを施すダメージ加工、古さを醸し出すユーズド加工などが駆使された作品を総称した。

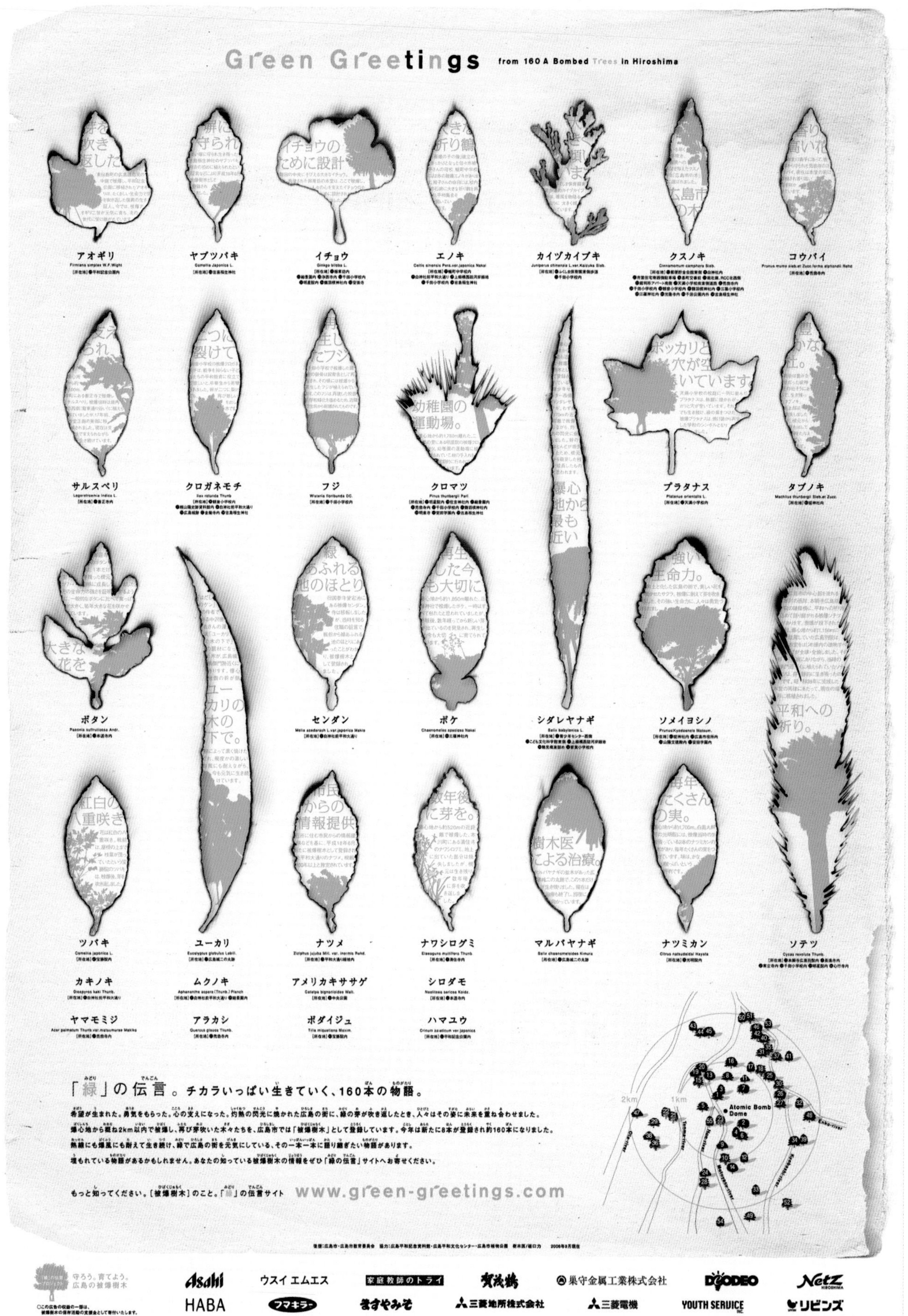
Green Greetings from 160 A Bombed Trees in Hiroshima
アオギリ
ヤブツバキ
イチョウ
エノキ
カイヅカイブキ
クスノキ
コウバイ
サルスベリ
クロガネモチ
フジ
クロマツ
プラタナス
タブノキ
ボタン
センダン
ボケ
シダレヤナギ
ソメイヨシノ
ツバキ
ユーカリ
ナツメ
ナワシログミ
マルバヤナギ
ナツミカン
ソテツ
カキノキ
ムクノキ
アメリカキササゲ
シロダモ
ヤマモミジ
アラカシ
ボダイジュ
ハマユウ
「緑」の伝言。チカラいっぱい生きていく、160本の物語。
希望が生まれた。勇気をもらった。心の支えになった。灼熱の閃光に焼かれた広島の街に、緑の芽が吹き返したとき、人々はその姿に未来を重ね合わせました。
爆心地から概ね2km以内で被爆し、再び芽吹いた木々たちを、広島市では「被爆樹木」として登録しています。今年は新たに8本が登録され約160本になりました。
熱線にも爆風にも耐えて生き続け、緑で広島の街を元気にしている、その一本一本に語り継ぎたい物語があります。
埋もれている物語があるかもしれません。あなたの知っている被爆樹木の情報をぜひ「緑の伝言」サイトへお寄せください。
もっと知ってください。[被爆樹木]のこと。「緑」の伝言サイト www.green-greetings.com
Atomic Bomb Dome
2km
1km
守ろう。育てよう。広島の被爆樹木
Asahi
ウスイ エムエス
家庭教師のトライ
賀茂鶴
巣守金属工業株式会社
DEODEO
NetZ HIROSHIMA
HABA
フマキラー
ますやみそ
三菱地所株式会社
三菱電機
YOUTH SERVICE
リビンズ
07.8.6

新聞広告、ポスター
Press Advertising, Poster

連合 14 社
(アサヒビール、ウスイ エムエス、賀茂鶴、巣守金属工業、シンコー、チェリーゴード、デオデオ、トライグループ、ネッツ、ハーバー、広島国際学院大学、広島修道大学、フマキラー、ますやみそ、三菱地所、三菱電気、ユースサービス、リビンズ)［企業］
14 Union Enterprises［Enterprise］

CD, CW：瀬尾篤史 Atsushi Seo
AD, D：中村和人 Kazuto Nakamura
D：山田友和 Tomokazu Yamada / 水岡隆志 Ryuji Mizuoka
CW：角田雅子 Masako Kakuda
A：中国博報堂 CHUGOKU HAKUHODO Inc.
DF, SB：ペンギングラフィックス Penguin Graphics

パンフレット Pamphlet
トゥインクルコーポレーション［芸能プロダクション］
TWINCLE Corporation [Theatrical Agency]
CD, AD：水野 学 Manabu Mizuno
D, DF, SB：グッドデザインカンパニー good design company
P：黒澤康成 Yasunari Kurosawa

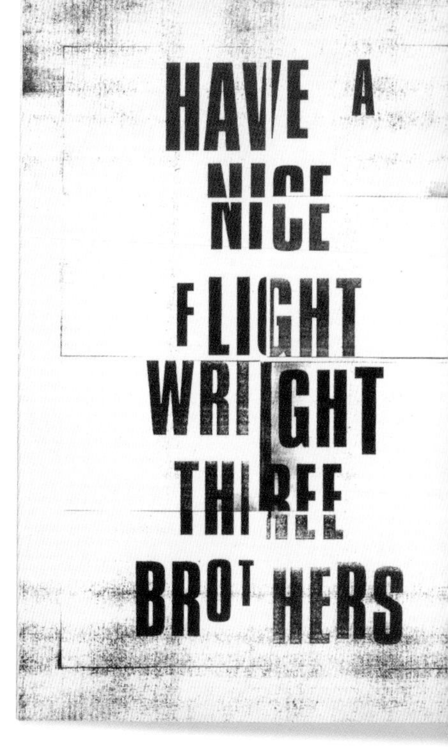

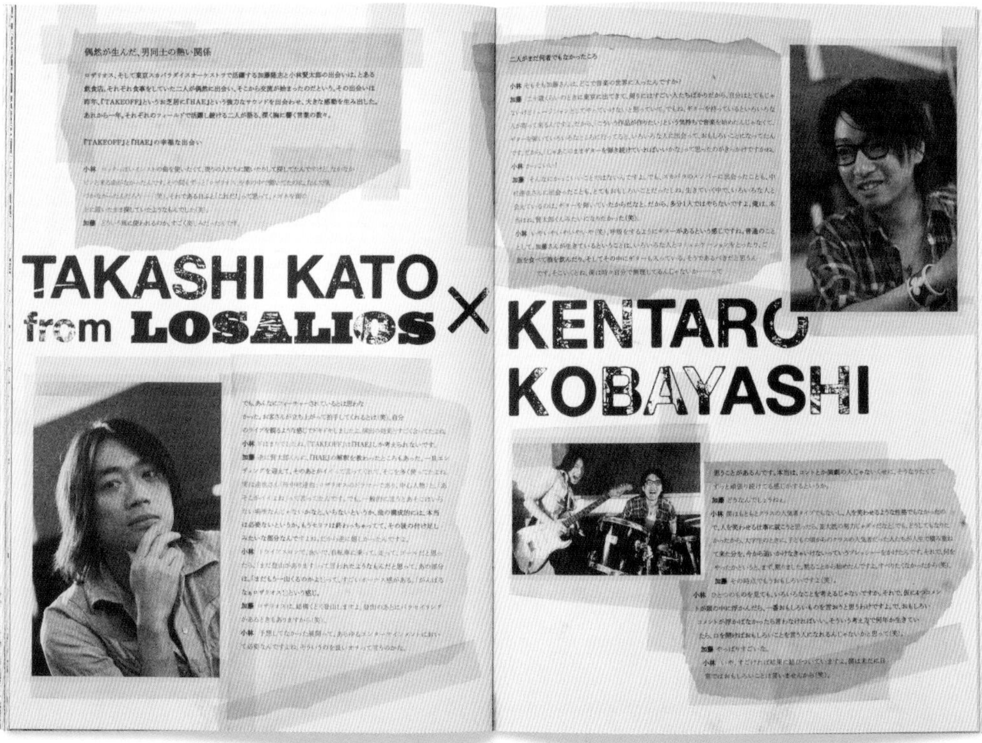

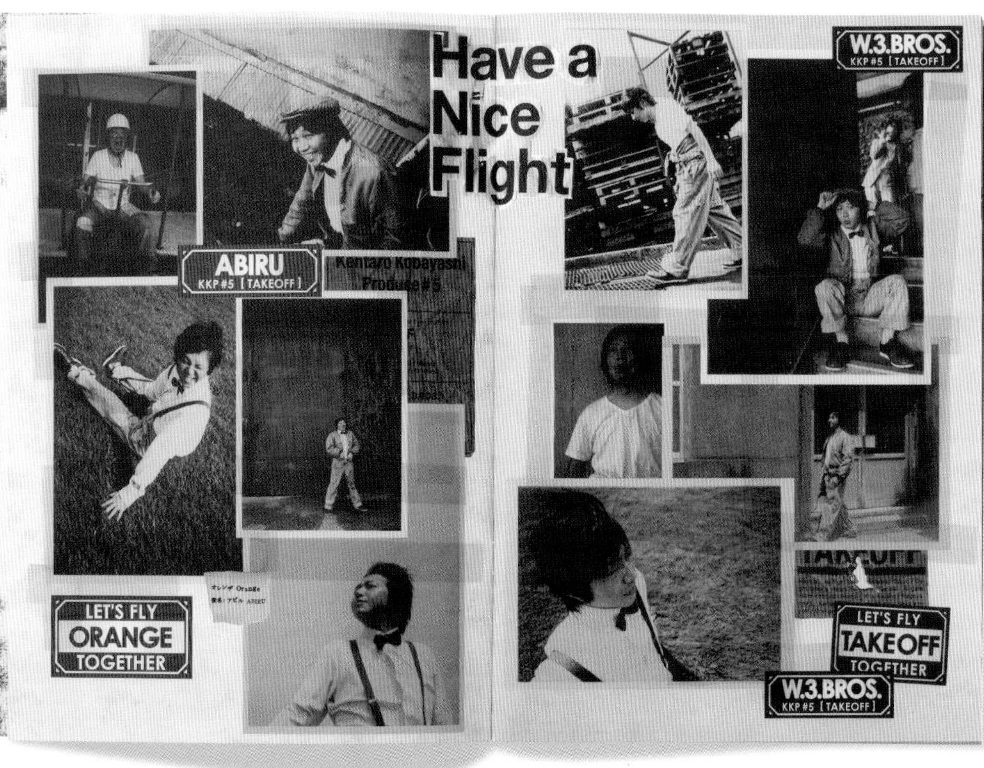

Have a
Nice
Flight
W.3.BROS.
KKP #5 [TAKEOFF]
ABIRU
KKP #5 [TAKEOFF]
Kentaro Kobayashi
Produce #5
LET'S FLY
ORANGE
TOGETHER
LET'S FLY
TAKEOFF
TOGETHER
W.3.BROS.
KKP #5 [TAKEOFF]

SAPPORO
2006.06.23.FRI - 06.25.SUN
@ Sapporo Factory Hall
NIIGATA
2007.10.16.TUE - 17.WED
SENDAI
2007.10.10.WED - 11.THU
HIROSHIMA
2007.09.27.THU - 28.fri
KITAKYUSHU
2007.10.20.SAT - 21.SUN
TOKYO
2007.10.24.WED - 11.04.SUN
TOKYO
2006.05.31.WED - 06.18.SUN
@ Honda Theater
NAGOYA
2007.10.02.TUE - 03.WED
OSAKA
2007.09.22.SAT - 24.mon
FUKUOKA
2006.05.24.WED - 28.SUN
@ Nishitetsu Hall
KOBE
2006.05.19.FRI - 21.SUN
@ Shinkobe
Oriental Theater

【SCRIPT / DIRECT】 KOBAYASHI KENTARO
【THEME SONG】 LOSALIOS
【STYLING】 IGA DAISUKE
【STAGE MANAGER】 NOGUCHI TAKESHI
【LIGHTING DESIGN】 SATO SATOSHI
【SOUND DESIGN】 HORIE JUN
(office shin・on)
【MUSIC】 TOKUZAWA SEIGEN
【ILLUSION SUPERVISION】 YUSHI
【PUBLICITY DESIGN】 good design company
【PRODUCTION】 TWINKLE Corporation Ltd.

PAMPHLET STAFF
【DESIGN】 good design company
【PHOTO】 YASUNARI KUROSAWA
NAOTO OTSUBO
【STYLING】 IGA DAISUKE
【HAIR MAKE】 IMADA NORIE
【WRITE】 ISHIMOTO MAKI
【PRODUCTION】 TWINKLE Corporation Ltd.

実際にコラージュを制作し、反射原稿として入稿した。写真も1点ずつ汚しを入れたり、傷をつけて古びた雰囲気を演出している。

Here an actual collage was used as linr art. Each of the photos was deliberately soiled and damaged to achieve a worn-out look.

2007年展示会案内状　2007 Exhibition DM
バスク［アパレル］ basque ltd. [Apparel]
AD, D, SB：サーモメーター　SURMOMETER inc.

一度出力したものを何度もコピー機に通した後、カッターの刃で部分的に削ったり、砂消しゴムで擦ったり、再度スキャニングすることで手作り感を出した。丁寧な服作りを行うブランドの姿勢とリンクさせている。

A hand-made look was achieved by printing a page from a printer, photocopying the page several times and cutting away with a cutter blade or rubbing away with a sand eraser sections of the page. The look is connected to the attitude of a fashion brand with impeccable manufacturing standards.

招待状 Invitation Card

エポム［アパレル］ epom［Apparel］

CD, AD：水野 学 Manabu Mizuno
D, P, DF, SB：グッドデザインカンパニー good design company

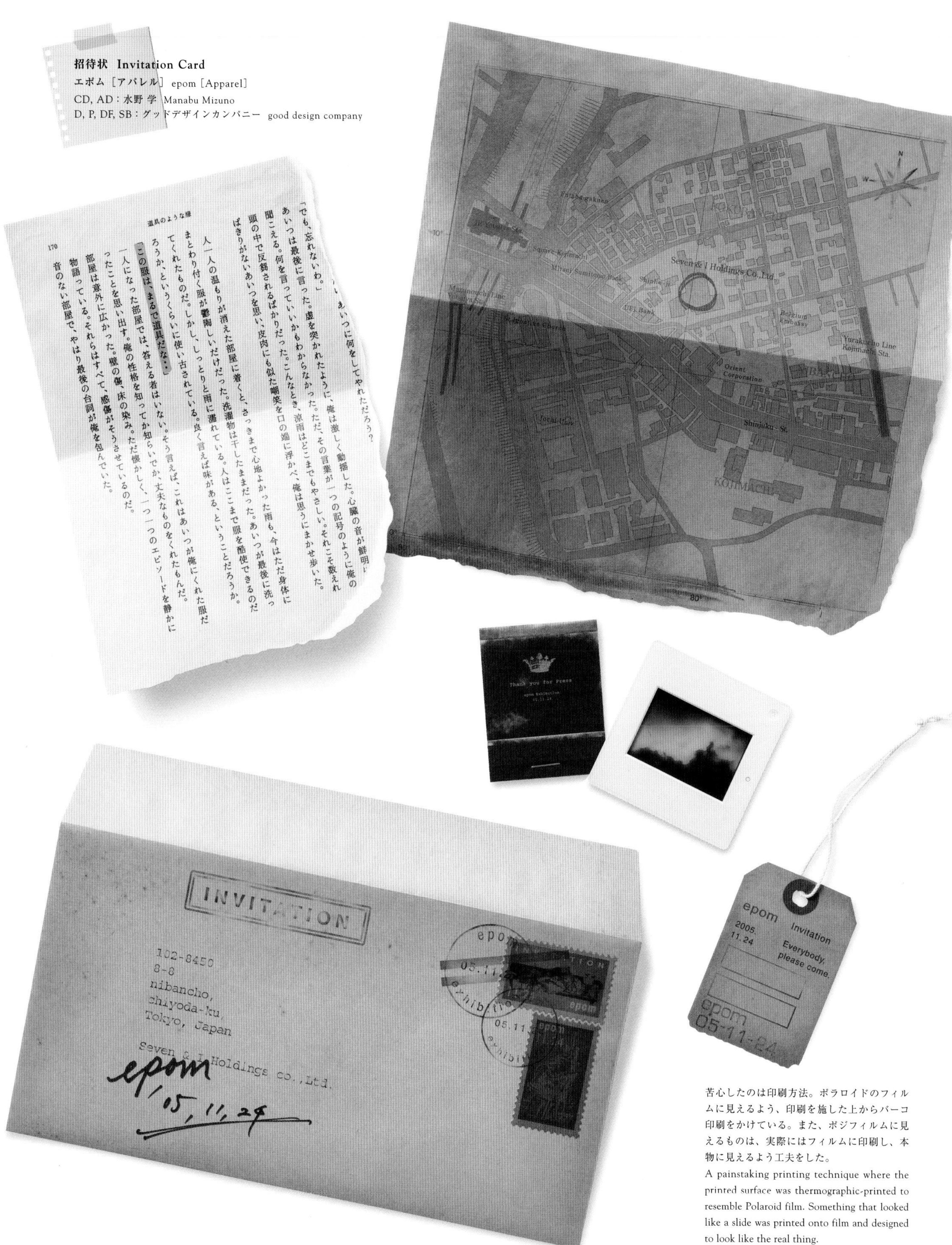

170　道具のような服

あいつに何をしてやれただろう？
「でも、忘れないわ。」
あいつは最後に言った。虚を突かれたように、俺は激しく動揺した。心臓の音が鮮明に聞こえる。何を言っていいかもわからなかった。ただ、その言葉が一つの記号のように俺の頭の中で反芻されるばかりだった。こんなとき、涼雨はどこまでもやさしい。それこそ数えればきりがないあいつを思い、皮肉にも似た嘲笑を口の端に浮かべ、俺は思うにまかせ歩いた。
人一人の温もりが消えた部屋に着くと、さっきまで心地よかった雨も、今はただ身体にまとわり付く服が鬱陶しいだけだった。洗濯物は干したままだった。あいつが最後に洗ってくれたものだ。しかし、しっとりと雨に濡れている。人はここまで服を酷使できるのだろうか、というくらいに使い古されている。良く言えば味がある、ということだろうか。
「この服は、まるで道具だな・・」
一人になった部屋では、答える者はいない。そう言えば、これはあいつが俺にくれた服だったことを思い出す。俺の性格を知ってか知らいでか、丈夫なものをくれたもんだ。
部屋は意外に広かった。壁の傷、床の染み。ただ懐かしく、一つ一つのエピソードを静かに物語っている。それらはすべて、感傷がそうさせているのだ。
音のない部屋で、やはり最後の台詞が俺を包んでいた。

苦心したのは印刷方法。ポラロイドのフィルムに見えるよう、印刷を施した上からバーコ印刷をかけている。また、ポジフィルムに見えるものは、実際にはフィルムに印刷し、本物に見えるよう工夫をした。
A painstaking printing technique where the printed surface was thermographic-printed to resemble Polaroid film. Something that looked like a slide was printed onto film and designed to look like the real thing.

シーズンビジュアル　Seasonal Visual
TOUJOURS［アパレル］TOUJOURS［Apparel］
AD, D：平林奈緒美　Naomi Hirabayashi　P：戎 康友　Yasutomo Ebisu
DF, SB：プラグイングラフィック　PLUG-IN GRAPHIC

COLLECTION D'OUVRAGES CLASSIQUES
TRADUCTION FRANÇAISE DU
TOUJOURS
1ER LIVRE DE THÉOPHRASTE
SUR LES PLANTES
PRINTEMPS/ÉTÉ '09
ÉDITION LIMITÉE
1,000
TOUJOURS
N° 1
ET CHEZ LEZ PRINCIPAUX LIBRAIRES
2009

ブランドの商品を表現するため、懐かしさや使い込んだ味、身体になじんだ素材感をイメージさせる作りに。焼けた質感は、オフセット４色で色紙に印刷している。紙の縁の破れは、細かい抜き型で抜き加工した。

A design that evokes a sense of something nostalgic and well-used and of familiar materials as a way of expressing the brand's products. The burnt look was achieved by a four-color offset print process and the tearing of the edges of the paper with a fine die-cutting process.

ポスター Poster
ラタン・イヴ［セレクトショップ］Eve Group co., ltd.［Select Shop］
CD, AD, D：中村和人 Kazuto Nakamura　CD：中村富子 Tomiko Nakamura　D：倉田美幸 Miyuki Kurata
P：迫 文雄 Fumio Sako　DF：ペンギングラフィックス Penguin Graphics

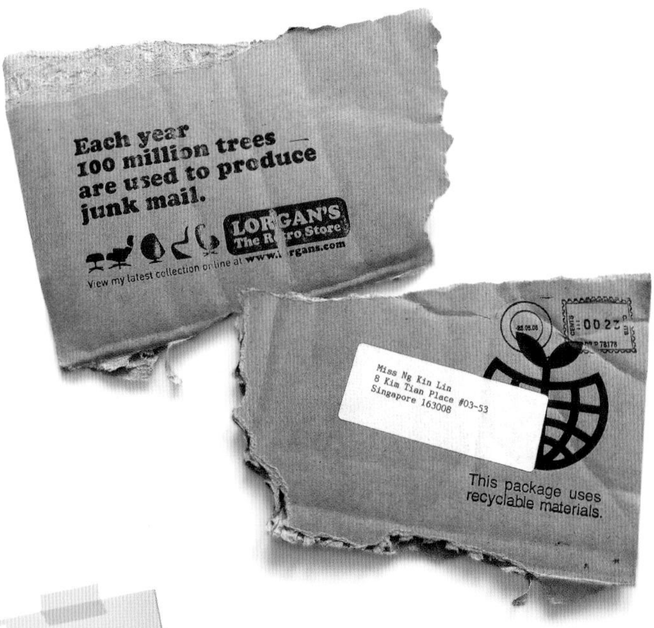

ウェブサイト案内 Website Announcement
Lorgan's The Retro Store［Interior Store］
CD, AD, D：Pann Lim　CD, AD：Roy Poh
DF, SB：Kinetic Singapore

アンティーク家具・雑貨の輸入・修復・販売を行うインテリアショップの、ウェブサイトを知らせるDM。家具を梱包していた段ボールを再利用している。
Direct mail informing customers about the website for an interior design store that imports, repairs and sells antique furniture and miscellaneous goods. The cardboard in which the furniture was wrapped was recycled for this purpose.

古いヨーロッパの書物をイメージして制作。抜き加工を施したページネーションでコラージュ感を狙った。抜き型加工は通常の腐食版の抜き型では細かすぎるため、レーザーではなく、やや特殊な手法を用いている。

Produced to resemble an old European book. The aim was a collage style where the leaves of the book underwent a die-cutting process. Rather than a laser, a somewhat unusual technique was used to produce the die, as the standard etched die was too fine.

カタログ Catalog
シェ アナン［アパレル］
chez unaun [Apparel]
D, SB：大島依提亜 Idea Oshima
P：高橋ヨーコ Yoko Takahashi
ST：酒井章子 Akiko Sakai
HM：石川ひろ子 (mod's hair)
Hiroko Ishikawa (mod's hair)

セールDM、カタログ Sale DM, Catalog

エフ エイ ティー［アパレル］FAT［Apparel］

AD, D：泉 伸明 Nobuaki Izumi SB：キュー Q co., ltd.

クラフト感の際立つダンボールを使用。デザイン自体にダメージ加工を加えたものをシルクプリントで重ね刷りし、奥行きを演出。また、断ち落としにすることで、ダンボールの切れ端に印刷したような雰囲気を出した。

Cardboard was used to achieve a craft look. To produce a sense of depth, artwork that had undergone a damaging process was silk-printed on top of the design. By using a full bleed, the artwork appears to have been printed on scraps of cardboard.

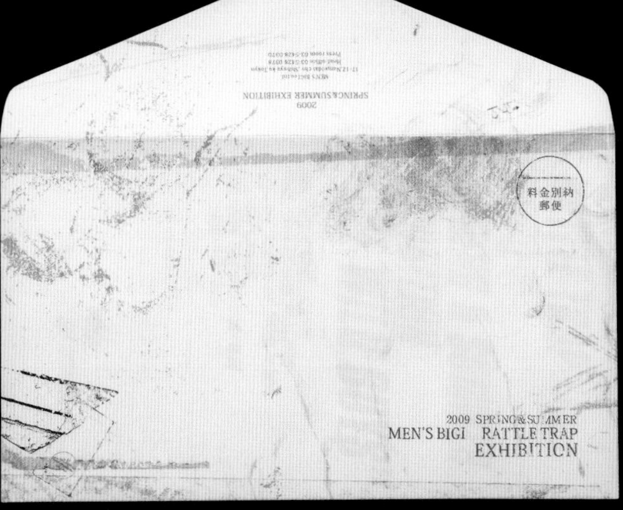

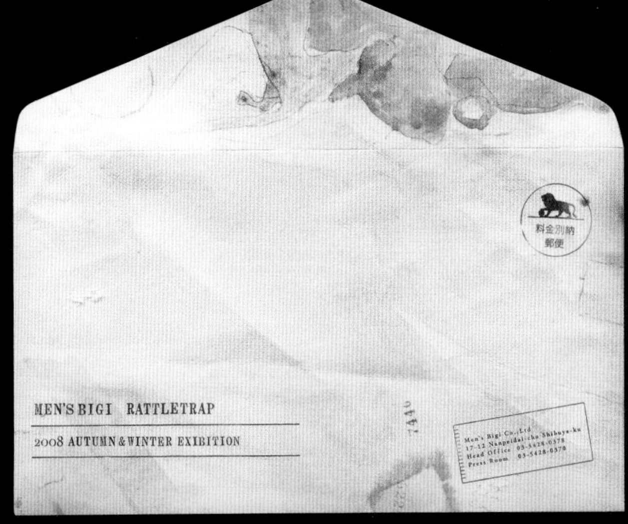

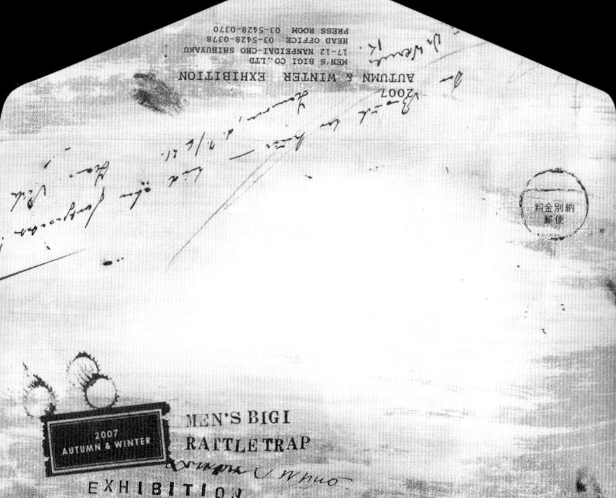

展示会の招待状 Invitation of Exhibition

メンズ・ビギ［アパレル］ MEN'S BIGI CO., LTD［Apparel］

AD：鷲見 陽 Akira Sumi D：澤田千尋 Chihiro Sawada D：内藤麻美子 Mamiko Naito

DF, SB：アンテナグラフィックベース ANTENNA GRAPHIC BASE CO., LTD.

綺麗すぎる、新しすぎるといった印象を与えないようにデザイン。封筒の文字は、実際にスタンプを押したものをスキャンして使用することでアナログ感を助長させた。

Designed not to be too beautiful or too new-looking. The writing on the envelope, the result of scanning the imprint of an actual stamp, helps to achieve an analog look.

カタログ Catalog
シフリー［アパレル］ SiFURY［Aparrel］
CD：牛田 元 Gen Ushida
AD, I：溝口基樹 Motoki Mizoguchi
D, SB：モー・デザイン mo'design inc.

シーズンテーマに合わせ、「言葉」を連想させる加工を施した。テープなどで貼り合わせたイメージ写真を一度破り、さらにテープで補修して、「イミテート」と「リアル」が絡み合うような表現を目指した。

A design based on the Japanese word "kotoba" meaning "word" according to the theme of the season. The photographs were joined together with tape, torn into pieces and then reassembled with tape, the aim being to express the idea of the intertwining of "imitation" and "real" .

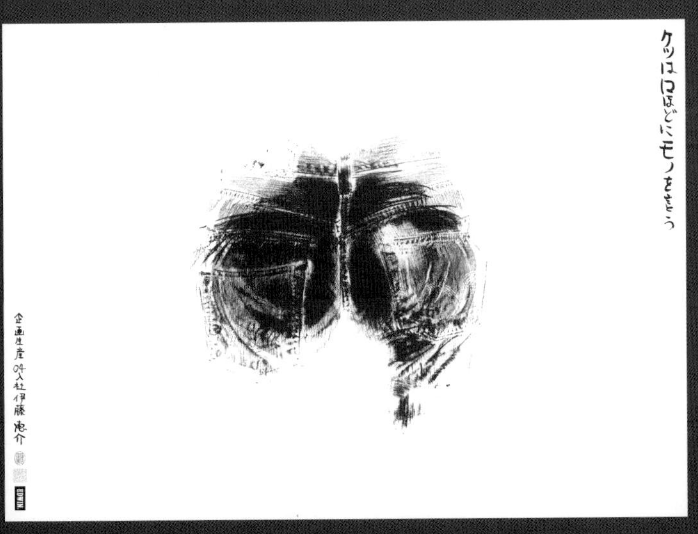

ケツは口ほどにモノをいう
企画生産 04入社 伊藤恵介
EDWIN.

ポスター　Poster　エドウイン［アパレル、商社］EDWIN［Apparel, Trading Company］
CD：西岡史朗　Shiro Nishioka　CD, CW, SB：野澤幸司　Koji Nozawa　AD, D：本村耕平　Kohei Motomura
D：山下真也　Shinya Yamashita　P：木原基行　Motoyuki Kihara　A：リクルート　RECRUIT CO., LTD. / リクルートメディアコミュニケーションズ　RECRUIT MEDIA COMMUNICATIONS CO., LTD.
DF：パラドックス・クリエイティブ　PARADOX CREATIVE / らすたはうす　RASTA HOUSE
PL：新志充裕　Mitsuhiro Shinshi　書：エドウィン社員の皆様　Everybody of EDWIN

墨汁特有の濃度感や滲みを再現するため、印刷でブラックインクと藍インクの2色を混ぜて限界まで盛り上げた。大判の半紙を用い、より手刷り感を演出。ジーンズ拓は実物から拓を取って撮影したもの。

A mixture of black ink and indigo ink was applied as much as possible to reproduce a density and permeatioin that is peculiar to India ink. A hand-made look was further achieved using large sheets of Japanese calligraphy paper. A print was made of a real pair of jeans and then photographed.

ポスター　Poster
ラタン・イヴ［セレクトショップ］ Eve Group co., ltd. [Select Shop]
CD, AD, D：中村和人　Kazuto Nakamura
CD：中村富子　Tomiko Nakamura　D：山田友和　Tomokazu Yamada
DF, SB：ペンギングラフィックス　Penguin Graphics

「FRAMeWORK」の持つ世界観を表現するため、目の粗い紙に、刷毛でペイントした原稿を版にして、キャンバス地にシルクプリント。ロゴはコピーで荒らして馴染ませた。
Artwork painted with a brush on coarse-grained paper was made into a plate and then silkscreen printed onto canvas fabric to express FRAMeWORK's worldview. The logo was given a rough look using a photocopy to harmonize with the artwork.

シーズンDM　Seasonal DM
フレームワークス［アパレル］
FRAME WORKS CO., LTD [Apparel]
CD：フレームワーク　FRAMeWORK
AD, D：ナミエミツヲ　Mitsuo Namie　P：井上由美子　Yumiko Inoue
DF, SB：スカイ ビジュアル ワークス　sky visual works

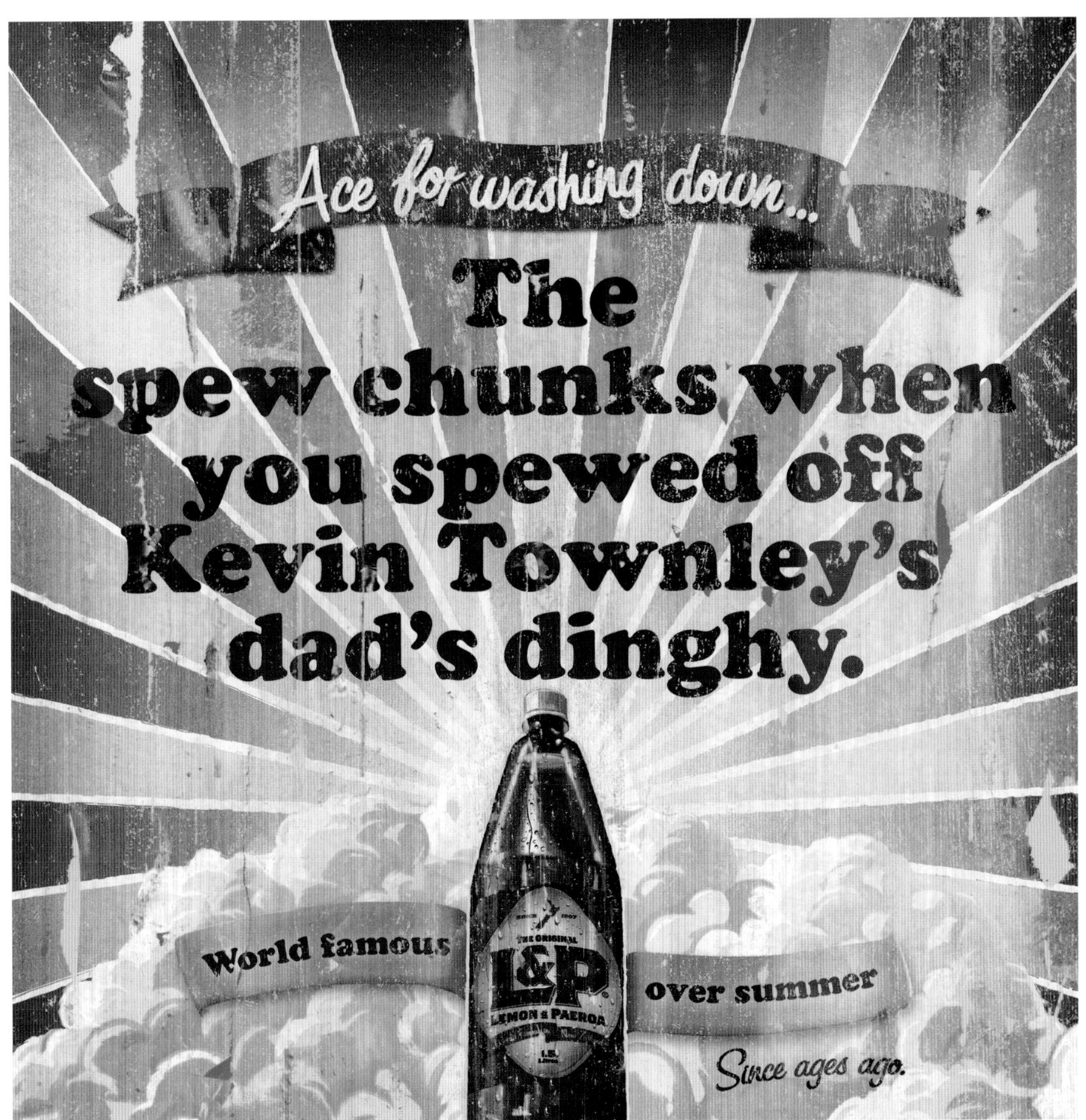

このプロジェクトのデザイン過程には、様々なテクスチャーを重ね合わせる作業が取り入れられた。フォントは、手作業でテクスチャーに統合した。

The design process for this job involved a lot of layering of textures. The typeface was handcrafted and integrated with the textures.

Coca-Cola Amatil NZ Ltd [Beverage Industry]
CD : Jeremy Taine, Roy Meares AD, CW : Tom Paine
D, I : The Craft Shop A, SB : Ogilvy New Zealand

「ラブレター」をテーマにイラストを依頼。封筒を分解し、ドローイングとコラージュの手法を駆使して制作された。印刷で風合いやアナログ感がリアルに伝わるよう注力し、紙には柔らかい質感のミセスBを使用した。
The commissioned illustration had the theme of "love letter". The envelope was unfolded and reproduced using drawings and a collage technique. A lot of work went into ensuring that the analog look was conveyed realistically when printed by using the softness of Mrs B paper.

パンフレット Pamphlet
パルコ劇場［劇場］PARCO THEATER［Theater］
AD：廣村正彰 Masaaki Hiromura　D：黄 善佳 Songa Fang　I：野村俊夫 Toshio Nomura
SB：廣村デザイン事務所 Hiromura Design Office

チラシはやや黄ばんだ紙を選び、元の原画の印刷状態に近づけるため、2色刷りにした。しおりは風合いのある紙にマット墨で印刷。紙の特性とマット墨の関係で裏写りしてしまったが、あえてその粗雑感を生かした。

A slightly yellowish paper was chosen for the leaflet printed in two colors to approximate the printing of the original picture. The bookmarks were printed in matte charcoal on a textured paper. The relationship between the characteristics of the paper and the matte charcoal meant that the design was visible on the underside but that imperfection was boldly used to good effect.

チラシ、しおり Handbill, Bookmark
広島市現代美術館［美術館］
Hiroshima City Museum of Contemporary Art［Museum］
D, SB：大島依提亜 Idea Oshima

CD
VP Records [Record Label]
D : Nicolas Velten
DF, SB : Supercinq

クラフト紙のショップバッグに、店頭で押印できる仕組みに。スタンプはローラータイプ（刷面 / ゴム）、WT 頭文字入り大スタンプ（刷面 / ゴム）、小スタンプ（刷面 / 金属）を用意。インクの擦れで温かさを表現した。

Designed so that the brown paper shopping bag can be stamped in the store. A rubber roller-type stamp, and a large version in rubber and a small version in metal with the initials WT were made. The blotchy ink expresses a feeling of warmth.

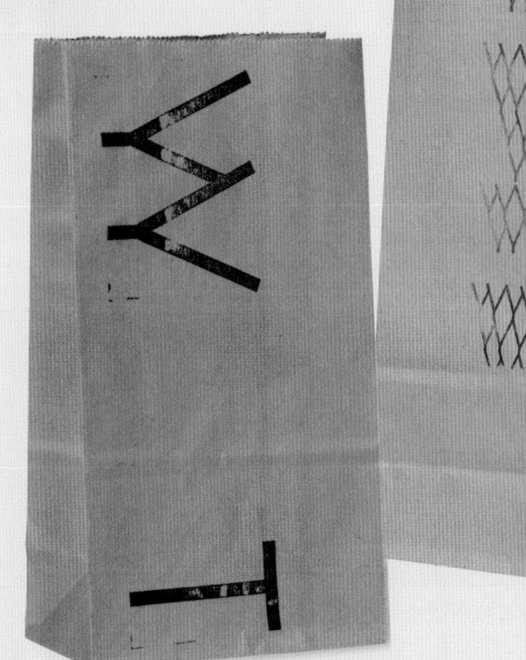

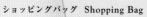

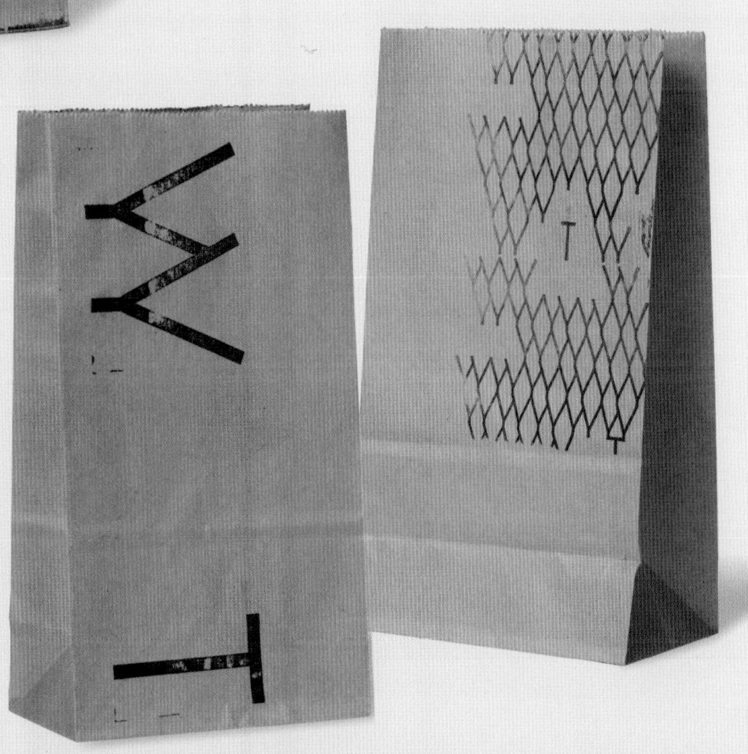

ショッピングバッグ　Shopping Bag

イデアインターナショナル［ライフスタイルプロダクツメーカー、小売事業］
IDEA INTERNATIONAL CO., LTD.
[Manufacture of Life Style Products, Retailing]

CD：福田彩奈　Ayana Fukuda　AD, D：横山道雄　Michio Yokoyama
DF：graf decorative mode no.3 design products.inc.
SB：イデアインターナショナル　IDEA INTERNATIONAL CO., LTD.

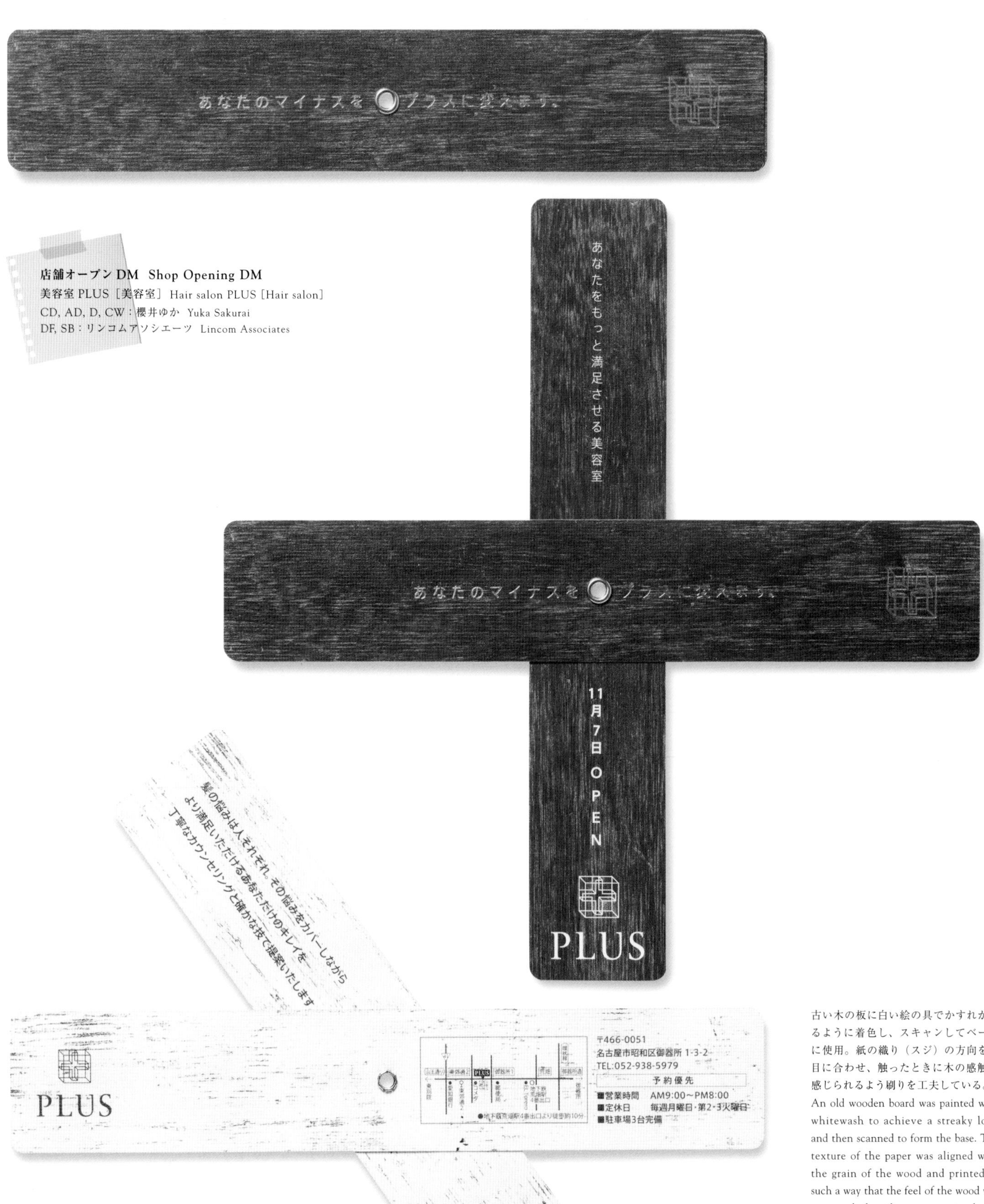
あなたのマイナスをプラスに変えます。
あなたをもっと満足させる美容室
11月7日OPEN
PLUS
髪の悩みは人それぞれ。その悩みをカバーしながら
より満足いただけるあなただけのキレイを
丁寧なカウンセリングと確かな技で提案いたします
〒466-0051
名古屋市昭和区御器所1-3-2
TEL:052-938-5979
予約優先
■営業時間 AM9:00～PM8:00
■駐車場3台完備
カット ¥5,000
パーマ+カット ¥11,000～
縮毛矯正+カット ¥20,000
縮毛矯正+毛先カール+カット ¥23,000
カラー+カット ¥11,000～
ヘアカラー ¥8,500
ヘアカラー+カット ¥11,500
全メニュー20%OFF

店舗オープンDM Shop Opening DM
美容室 PLUS［美容室］ Hair salon PLUS［Hair salon］
CD, AD, D, CW：櫻井ゆか Yuka Sakurai
DF, SB：リンコムアソシエーツ Lincom Associates

古い木の板に白い絵の具でかすれが出るように着色し、スキャンしてベースに使用。紙の織り（スジ）の方向を木目に合わせ、触ったときに木の感触が感じられるよう刷りを工夫している。
An old wooden board was painted with whitewash to achieve a streaky look and then scanned to form the base. The texture of the paper was aligned with the grain of the wood and printed in such a way that the feel of the wood was conveyed when the paper was touched.

index

client
クライアント

submittor
作品提供社

ニュー アナログ デザイン

BY HAND : Handmade Elements in Graphic Design

2009年9月17日　初版第1刷発行

Jacket Design

Art Director & Designer
長嶋りかこ（博報堂） Rikako Nagashima (HAKUHODO INC.)

Photographer
青山たかかず（アマナ） Takakazu Aoyama (amana)

Producer
星本和容（アマナ） Kazuhiro Hoshimoto (amana)

Retoucher
吉川武志（アマナ） Takeshi Yoshikawa (amana)

Art Director
柴 亜季子 Akiko Shiba

Designer
佐藤美穂 Miho Sato

Photographer
藤本邦治 Kuniharu Fujimoto

Writer
鈴木久美子 Kumiko Suzuki
岸田麻矢 Maya Kishida

Translator
三木アソシエイツ Miki Associates

Editor
吉村真樹 Maki Yoshimura

Publisher
三芳伸吾 Shingo Miyoshi

PIE BOOKS
2-32-4, Minami-Otsuka, Toshima-ku, Tokyo 170-0005 Japan
Tel: +81-3-5395-4811 Fax: +81-3-5395-4812
editor@piebooks.com
sales@piebooks.com
www.piebooks.com

発行元　ピエ・ブックス
〒170-0005 東京都豊島区南大塚2-32-4
編集 Tel: 03-5395-4820 Fax: 03-5395-4821
editor@piebooks.com
営業 Tel: 03-5395-4811 Fax: 03-5395-4812
sales@piebooks.com
www.piebooks.com

印刷・製本　図書印刷株式会社

ISBN978-4-89444-803-2 C3070
Printed in Japan

NEO JAPANESQUE DESIGN
ネオ ジャパネスク デザイン

Page: 224 (Full Color) ¥14,000 + Tax

2006年2月に発刊し好評を得た「ネオ ジャパネスク グラフィックス」。待望の第二弾「ネオ ジャパネスク デザイン」がいよいよ登場。ショップイメージ・ロゴ&マークのカテゴリが新たに加わり、内容・クオリティともにバージョンアップした"和"デザインの最前線を紹介します。

This is the sister edition to "Neo Japanesque Graphics" published in 2006, and this new book includes even more modern yet Japanese taste designs which will give creative professionals inspirational ideas for their projects. Among various graphic works, this second title features shop design such as restaurants, bars and hotels, also features a variety of Japanese logos.

996

IDEAS UNLEASHED: EXCEPTIONAL ACHIEVEMENTS IN GRAPHIC DESIGN
ハートを掴む ベストアイデアグラフィックス

Page: 168 (Full Color) ¥7,800 + Tax

見る人を楽しませ驚かせ、ときには感動も与えてくれるデザイナーの豊かな独創性。形や立体感で目を引く広告物、ポップアップ式の愉快なDMやカタログ、素材の質感が個性的なパッケージなど…… 効果的な表現で心をとらえて離さない作品をバラエティに富んだラインナップでご紹介します。さらに、デザイナーの「思い」「コンセプト」に触れることでそのアイデア源泉を掘り下げ、あらゆるクリエイターの方々に役立つ1冊となっています。

From an advertising campaign about a new model of a car to a package design of a cosmetic bottle, this book presents "the best of the best projects in graphic design," which will inspire creative professionals and adverting communities. Featured inspirational works help those people and designers come up with even more brilliant idea for future assignments and projects. This is a must-have resource book for designers as well as marketing and advertising professionals.

1044

Best Package & Wrapping Graphics
パッケージ&ラッピングツール グラフィックス2

Page: 192 (Full Color) ¥9,800 + Tax

様々な商品のパッケージには、販売対象やブランドイメージに沿ったデザインと戦略がなされています。本書ではデザインの工夫を施すことで、大きな訴求力、ブランド力を身に付けたパッケージや、ラッピングツールを紹介します。また、店舗での陳列状態も併載。アイディアあふれる作品が満載です。

A product package is designed strategically to maximize the brand recognition and appeal to the sales targets. A package design takes on an important role in determining the product image. This book introduces many, exciting packages and wrapping examples categorized by industry. The photos of shop interior/exterior design are also included so that those photos would give readers ideas how a product package would harmonize the shop interior and exterior design. Examples of seasonal wrapping at department stores, retailers and various shops are also presented.

1045

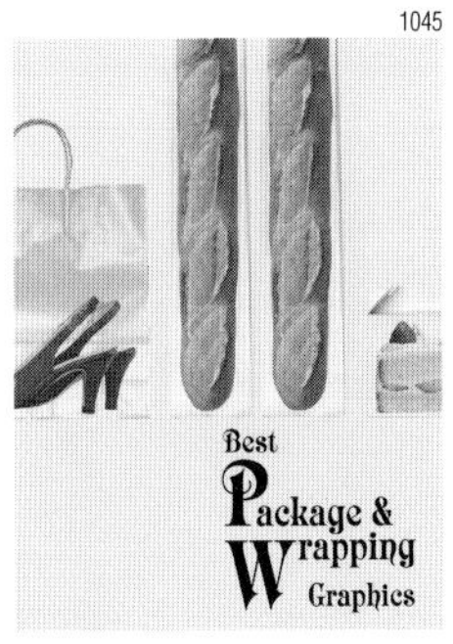

Shop Image Graphics in Paris
ショップイメージ グラフィックス イン パリ

Page: 192 (Full Color) ¥9,800 + Tax

クラシックなパティスリーやカフェと一緒に、トップクリエイターたちのファッションブティックが並ぶ、伝統と最先端のモードが混在するパリ。本書は伝統の良さを残しながら今風にアレンジされたカフェやレストラン、ロココ調のロマンティックな雰囲気が漂う雑貨店、そして世界の先端をいくファッションブティックなど、いつの時代も華やかなパリのショップデザインとグラフィックツールを紹介します。

This book introduces about 97 shops in Paris, which is an inseparable part of Paris and its culture. Featured shops do not only contribute to fashion, arts and popular culture, but also play as a vital part of daily lives. This title shows shop designs and graphic tools of those shops such as a contemporary café and/or restaurant being combined well with traditional design, a rococo style variety shop in a romantic setting and trendy boutiques.

1055

Design Power: Regional Brand Graphics
全国の地域ブランド戦略とデザイン

Page: 216 (Full Color) ¥15,000 + Tax

近年、特色のある地域ブランド作りが益々盛んとなっています。本書では、地域の特性を活かし全国へアピールする、商品や企業、ショップ、精力的に誘致活動を行う地方自治体などの広告展開を紹介します。グラフィックの力が地域ブランドの活性化の源となり、成功した事例を探求します。

These days, many local brands and governments promote their originalities and uniqueness intensively and succeed to acquire brand recognitions nationwide. This book introduces those successful advertisements and campaigns of local brands and governments, which design and graphic tools help to vitalize their products and services. This is a good reference to study alternative approach of marketing strategies for products and services.

1072

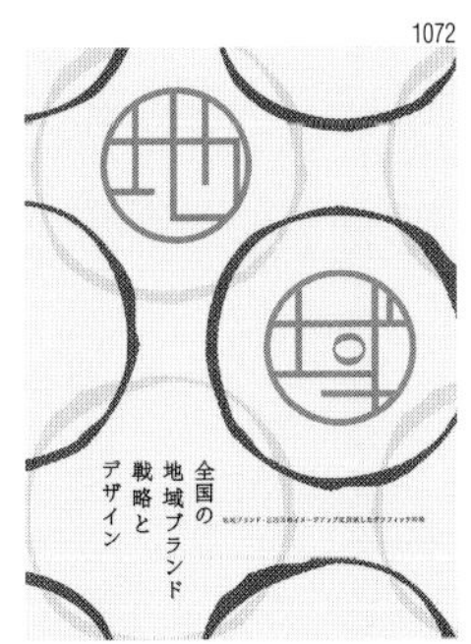

Beauty & Healthcare Package Design
コスメ & ヘルスケア パッケージ デザイン

Page: 160 (Full Color) ¥7,800 + Tax

「かわいい!」「すてき!」「おしゃれ!」。そんなデザインがぎっしり!化粧品から洗剤、サプリメントまで美容と健康に関する商品のパッケージやボトルのデザインを、商品パンフレットやディスプレイ写真もまじえ紹介します。若い女性を主なターゲットとしたこの分野は、まさに「女性の心を掴むデザイン」の宝庫。パッケージやプロダクトデザインに携わる方はもとより、「今、女性にウケるデザインとは?」を知りたい様々なクリエイターにお薦めします。

This book will present pretty, attractive, and fashionable selected high-quality package designs by product category. You can see the beauty & healthcare industries as a treasury of the design that catch women's heart. The title will help all professionals' creativities not only who engage in product package designs, but also who are interested in the designs targeting women in various fields.

1080

Relaxing Graphics
ナチュラルスタイル グラフィックス

Page: 192 (Full Color) ¥9,800 + Tax

ナチュラルで優しいイメージを作り出すには、淡い空気感のある写真や、素朴で人の手の温かさを感じるイラストレーションや素材、またはアースカラーで色彩のイメージを統一する等、さまざまな手法があります。本書は、安心感・あたたかい・優しい・爽快・素朴・気持ちいい・快適・みずみずしい・リラックスなど、人や自然に優しいイメージ作りに成功している広告作品、冊子、商品パッケージなどを紹介します。

This book introduces graphic design works which recaptures such images as secure-feeling, heart-warming, kind, brisk, feeling good, comfortable and relaxing, representing harmonious coexistence between nature and humans. By surrounding negative aspects and images, people are likely to see a "natural style", "healing" or "earth-friendly" images in companies, products and brand images these days.

1087

Branding by Color
色彩戦略グラフィックス

Page: 224 (Full Color) ¥15,000 + Tax

例えば同じデザインでも赤や青などの色を変えることで異なった印象を与えるように、色は私たちの視覚を通してさまざまなメッセージを送っています。本書は「色」の効果を戦略的に使用し、商品・サービスの浸透に成功したグラフィック例をプロジェクト別に紹介します。また選択した色による効果、その効果を上挙げるための技等の解説も掲載。デザイナーにとって欠かせない色の表現力をさまざまな事例と共に実感できる1冊です。

This book introduces successful examples of selected brands by presenting how a specific branding color has made an impact on their target audience with various graphic works such as product packages, advertisement, direct mails, flyers and more. The explanations of practical techniques as well as descriptions of color choices and intentions are presented.

1095

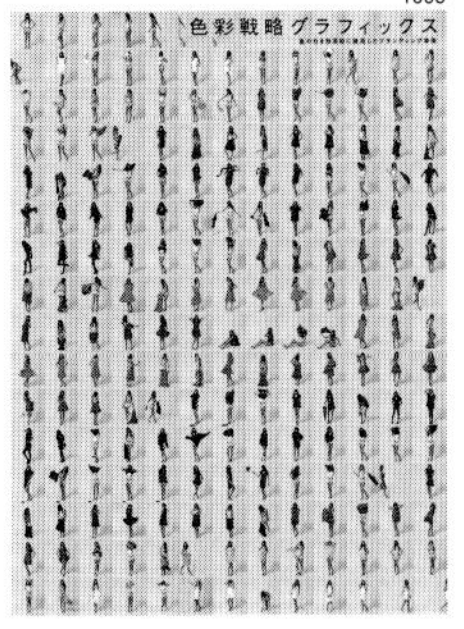

Premium Novelties
ノベルティ グラフィックス

Page: 160 (Full Color)　¥7,800 + Tax

1103

本書では、店頭・街頭で配布される販促ノベルティをはじめとして、商品購入時、懸賞応募時にもらえるグッズ・新商品発表時のプレスキットなど、限られた期間と場所でしか目にすることができないノベルティを特集します。顧客を獲得するために制作された、オリジナリティ溢れる作品を多数掲載するとともに、配布対象・配布方法・制作数を記載。今後のツール制作の幅が広がる、資料性の高い1冊です。

This book introduces impressing and terrific promotional novelties such as press kits announcing opening a new shop, promotional gifts distributed when a new product is released to the market, and limited-time goodies given away to clients. This is one-of-the-kind useful inspirational source of creative ideas for graphic designers and advertising professionals.

WORKS IN PROGRESS
クライアントに響くプレゼンテーションデザイン

Page: 168 (Full Color)　¥9,800 + Tax

1110

デザイナーがクライアントの意図をくみ取り、斬新なアイデアをビジュアルで表現するプレゼンテーションはクリエイティブなプロセスの中で重要な場面の一つです。この時ほど発想をデザインに落し込む表現力が問われることはありません。本書では制作プロセス、特にアイデアの発想からプレゼンテーションまでをふんだんなビジュアルで紹介します。普段は見ることのできない貴重なビジュアルの数々は、デザイナーにとって必見の1冊となるでしょう。

This book presents a variety of creative processes how to develop concepts and ideas of visual presentations as well as those brushed final works. This is a useful source for graphics designers and advertising professionals to learn the essence of winning visual presentations.

New Food Shop Graphics
ニュー フードショップ グラフィックス

Page: 192 (Full Color)　¥9,800 + Tax

1122

おいしくてサービスがよいのはもちろんのこと、センスや雰囲気がよく、デザインでも魅力のあるフードショップが増えています。また、内装やグラフィックツールをトータルでコーディネートしたり、流行に敏感な女性を惹きつけるカラフルで美しいパッケージデザインなど、デザイナーの役割はさまざまです。本書ではデザインの力を感じるフードショップを、形態別に、インテリアとグラフィックツールを併せてご紹介します。

This book is a sister book of one of the strongest titles "Food Shop Graphics: ISBN 978-4-89444-340-2" and presents the interiors and graphic elements with the descriptions of concepts behind the store identities. About 120 food-related retailers like restaurants, cafes, bars, confectioners, fast food, and more selected worldwide are featured the photos of shop design along with graphic applications from menus, shop cards to matches and coasters.

Corporate Profile & Image 2
業種別　企業案内グラフィックス2

Page: 256 (Full Color)　¥15,000 + Tax

1130

本書は、企業案内はもちろん、その企業の持つ個性を凝縮したコンセプトブック、リクルート用の入社案内などを多業種から収集。会社理念・会社ＤＡＴＡ・具体的な業務内容・求める人材を、適確な企画編集、インパクトあるデザイン、力強いコピーライトでまとめた作品を収録します。

This book contains company profiles comprising many types of businesses, concept books that explain these companies' original ideas, and their job recruiting information. It documents materials containing accurate planning and editing, designs with impact, and powerful copywriting for "company policy, company data, detailed business activities, and employment criteria."

Graphic Designs Targeting by Age
年齢別　ターゲット戦略グラフィックス

Page: 228 (Full Color)　¥14,000 + Tax

1132

世の中に新商品を売り出したり、ショップや施設を開店する際、販売対象を明確にすることは、売り上げ拡大に繋がる大きな要素です。小学生・女子中高生・キャリアウーマン・ビジネスマン・団塊世代などメインターゲットとなる層を明確にすることで、売り上げ拡大に成功した例は数多くあります。本書では、ポスター・パンフレット・カタログ・キャンペーンツール・商品パッケージなど、販促ツールのビジュアルを工夫することにより、ターゲットを明確にして成功した商品やショップ・施設の、販売&ビジュアル戦略を年齢層別に紹介致します。

This book present graphic works by age group; Kids (0 to 9 of age), Teens' (10-19), Twenties and Thirties (20-39) and Senior (50 and over) , and this collection serves as a practical reference for those designers as well as marketing professionals.

Identity Designs: Corporate Identities, Brand Identities and More
アイデンティティのデザイン　～CI、ロゴ、マークのデザイン・配置のセオリー～

Page: 256 (Full Color)　¥15,000 + Tax

1138

本書では国内外のクリエーターから集めたカレンダーを特集します。優れたグラフィックスが楽しめるスタンダードなタイプから、形状のユニークなもの、仕掛けのあるものなど、形状別にカテゴリーに分けて紹介します。カレンダー制作のデザインソースとしてはもちろん、ユニークな作品を通じて、様々なグラフィックスに活かせるアイデアが実感できる内容です。

It is well known that CI (Corporate Identity) is very important nowadays. Meanwhile, the other "Identities", such as BI (Brand Identity), FI (Facility Identity) are getting more necessary. With a plenty of successful examples, this book shows the concepts of "Identity " and how exploited the many varieties of medias. Useful for designing logo, mark, and pict in various industry.

カタログ・新刊のご案内について

総合カタログ、新刊案内をご希望の方は、はさみ込みのアンケートはがきをご返送いただくか、下記ピエ・ブックスへご連絡下さい。

CATALOGS and INFORMATION ON NEW PUBLICATIONS

If you would like to receive a free copy of our general catalog or details of our new publications, please fill out the enclosed postcard and return it to us by mail or fax.

CATALOGUES ET INFORMATIONS SUR LES NOUVELLES PUBLICATIONS

Si vous désirez recevoir un exemplaire qratuit de notre catalogue généralou des détails sur nos nouvelles publication. veuillez compléter la carte réponse incluse et nous la retourner par courrierou par fax.

CATALOGE und INFORMATIONEN ÜBER NEUE TITLE

Wenn Sie unseren Gesamtkatalog oder Detailinformationen über unsere neuen Titel wünschen.fullen Sie bitte die beigefügte Postkarte aus und schicken Sie sie uns per Post oder Fax.

ピエ・ブックス
〒170-0005　東京都豊島区南大塚 2-32-4
TEL: 03-5395-4811　FAX: 03-5395-4812
www.piebooks.com

PIE BOOKS
2-32-4 Minami-Otsuka Toshima-ku Tokyo 170-0005　JAPAN
TEL:+81-3-5395-4811　FAX:+81-3-5395-4812
www.piebooks.com